JN421505

無常戒講話

월 운 지음

무상계강화

서(序)

무상계(無常戒)는 우리나라에만 전하는 영가천도용(靈駕薦度用) 독송문이다. 문장은 비록 438자밖에 안 되는 짧은 것이지만 원효성사(元曉聖師)께서 무주고혼(無主孤魂)을 제도하기 위하여 즉석에서 송출(誦出)하셨다는 전설로 인해 많이 읽혀지고 있는 일종의 주문형(呪文形) 경전이다.

일반적으로 경이라면 서분(序分)·정종분(正宗分)·유통분(流通分) 등 3분으로 나누는데 서분은 그 경이 설해진 동기를 서술한 부분이요, 정종분은 그 경의 주된 사상을 서술한 부분이요, 유통분은 그 경의 마무리에 해당되는 부분이니, 요즘의 서론(序論), 본론(本論), 결론(結論)에 해당된다.

그러나 이 무상계(無常戒)나 반야심경(般若心經)과 같이 삼분(三分)의 영역이 분명치 않은 경우도 많으니, 이런 형태의 경을 골경(骨經)이라 하며, 짧고도 난해한 것이 그 공통점이다. 그러나 골경이라 해서 삼분의 구분을 무시하고 비빔밥처럼 엮어진 것은 아니다. 반드시 서론 본론 결론 등의 영역은 갖춰져 있다.

이 무상계를 삼분(三分)으로 나눈다면 처음의 부무상계자(夫無常戒者)로부터 이도고해(而渡苦海)까지는 서분(序分)이요. 다음 영가여금일(靈駕汝今日)로부터 천인사불세존(天人師佛世尊)까지는 정종분(正宗分)이요, 끝으로 영가탈각오음(靈駕脫却五陰)으로부터 마지막의 기불쾌재(豈不快哉)까지는 유통분(流通分)이라고 볼 수 있을 것 같기에 여기에 기준하여 강화를 진행할 예정이다.

이 무상계를 설하신 설주(說主)는 부처님이거나 아니면 원효(元曉)성사요, 이 경을 들어야 할 대상인 대기(對機)는 무상위(無常位=新圓寂)에 오른 영가(靈駕)와 시회대중이요, 설주를 대신해서 이 경을 독송하는 이는 송경법사(誦經法師)니, 모든 송경법사는 부처님을 대신해서 영가에게 설법을 해 주는 성직자이다.

평생에 의존했던 육신을 잃고 어쩔 줄 몰라 하는 영가, 순식간에 가족을 잃고 애통해하는 유족, 모두의 슬픔을 부처님의 이름으로 감싸 안아 주는 역할을 하는 것이 송경법사니, 모든 법사들은 부처님의 뜻을 실현시키는 여래사(如來使)임을 명심하고 송문관의(誦文觀義)에만 힘쓸지언정 잡된 생각을 일으켜 정념(正念)을 산란시키는 일이 없어야 한다.

보살은 불청우(不請友)라 했다. 무상계법사는 언제 어디서나 상가(喪家)를 만나면 청하건 청치 않건 반드시 들러 잠시 위로의 말씀을 해주고, 영전에 무상계를 독송하여 영가로 하여금 무상 속에 진상(眞常)이 있음을 깨닫고 삼보에 귀의할 줄 알게 해야 한다. 이것이 진정한 보살행이며, 우리 모두가 부처님의 불은(佛恩)에 보답하는 길이다.

내 평소 이 일에 뜻을 두었었으나 좀처럼 손을 대지 못하다가 요즘 생각이 나기에 손을 댔으나 이미 몸과 마음이 모두 늙어서 기대했던 것 같지는 않다. 그러나 단념하기도 어려워서 이렇게 아는 대로 중언부언 적고 말미에 내 나름대로 생각했던 무상계독송의식(無常戒讀誦儀式)을 붙여 애오라지 이렇게 발표한다.

바라건대 이 변변치 않은 것이 여러분의 송지(誦持)에 소분이라도 도움이 될 수 있으면 좋겠고, 나아가서는 이 일을 계기로 우리나라 천혼문화진작(薦魂文化振作)에 조금이라도 도움이 되었으면 다행이겠다.

佛紀2555年 辛卯 佛誕日 前夜
京畿道 南楊州市 雲嶽山 奉先寺 茶經室
白坡遠孫 **月雲** 沙門 記

일러두기

무상계(無常戒)는 비록 500자 미만의 짧은 경집경(經集經)이지만 그 내용은 대·소승 경전의 교리를 망라하였고, 그 쓰임새는 이승과 저승에 통한다. 이미 입적(入寂)한 분의 영전에 독송하면 영가(靈駕)가 이고득락(離苦得樂)하고, 독송하는 이 또한 이승과 저승의 이익을 얻는다고 하니, 살아있는 이와 죽은 이 모두에게 공덕이 되는, 이른바 존망구익(存亡俱益)의 공덕경(功德經)이다.

그럼에도 불구하고 그간 의식을 행하는 현장에서 독송되고 있는 상황은 그다지 바람직하지 못했으니, 겉으로 보기에는 송경사(誦經師)들이 그저 일독(一讀)하는 것으로 끝낼 뿐, 경의 뜻을 관하거나 현전대중에게 무상계의 의미를 일러주는 일에는 소홀한 것 같다. 그래서야 부처님의 무연자비(無緣慈悲)[1]가 어떻게 뿌리를 내릴 수 있으며, 공포로 가득한 영가의 마음을 위로해 줄 수 있겠는가.

무상계의 주된 사상은 무엇인가. 모든 중생이 자기의 정신과 육체[正報], 그리고 자기가 의지해 살고 있는 가정과 국토[依報]를 영원한 것으로 믿는다. 일부 총명한 이는 모두가 무상하다는 것을 짐작은 했으나 설마 설마 하다가 하루아침에 무상살귀(無常殺鬼)의 침공을 받아 정념(正念)을 잃는다. 이런 영가들에게 해탈의 길이 있음을 보여주어 안심시키고, 유족들의 마음도 편안하게 해 주시려는 것이 무상계를

---

1) 무연자비(無緣慈悲) : 인연이 없는 중생까지도 구제하는 큰 자비. 이는 공(空)을 체득하여 자타의 구분이 없는 자, 즉 부처님이 갖추신 능력이다.

설하신 뜻이다.

이 경의 이러한 취지를 독자들로 하여금 취향에 맞추어 선택하실 수 있게 하기 위하여 다음의 요령으로 강화를 진행한다.

일러두기 : 제목이 뜻하는 바와 같이 이 강화의 서술방향을 소개하려는 것이다.

제1장 무상계 원문 : 한문으로 된 무상계를 지칭한다.

제2장 무상계 원문 현토 : 한문으로 된 무상계에 토를 단 것이다.

제3장 무상계 음역 현토 : 무상계를 한글로 음역(音譯)하고 거기에 토를 단 것이다.

제4장 우리말 무상계 : 우리말로 번역한 무상계이다.

제5장 무상계 과도(無常戒 科圖) : 무상계의 과목(科目), 즉 문단(文段)을 나누고, 그것을 도표로 그린 것이다.

제6장 무상계 과도 해설 : 무상계 과도에 대한 설명이다.

제7장 수장해설(隨章解說) : 문장 따라 해설한다는 뜻이니, 여기서부터 바야흐로 강화가 시작된다. 강화는 뒤 제5장 과도의 13개 단말과(端末科)에 준하여 총13강으로 나누고, 강마다 제1강, 제2강 등의 차서(次序)와 당해 구간의 대의(大意)를 대표하는 과명(科名)과 당해 과(科)의 경문을 소개하는 본문과 그 본문을 해설하는 강화의 순으로 엮는다.

말미에 부록(附錄)으로 무상계독송의식(無常戒讀誦儀式)을 붙여 평소에 생각했던 송경의식을 소개하여 이 분야에 관심 있는 분들의 참고에 이바지하려 했다.

목차

제1장 無常戒原文

夫無常戒者. 入涅槃之要門. 越苦海之慈航. 是故. 一切諸佛. 因此戒故. 而入涅槃. 一切衆生. 因此戒故. 而渡苦海. 靈駕. 汝今日. 迴脫根塵. 靈識獨露. 受佛無上淨戒. 何幸如也. 靈駕. 劫火洞燃. 大千俱壞. 須彌巨海. 磨滅無餘. 何況此身. 生老病死. 憂悲苦惱. 能與遠違. 靈駕. 髮毛爪齒. 皮肉筋骨. 髓腦垢色. 皆歸於地. 唾涕濃血. 津液涎沫. 痰淚精氣. 大小便利. 皆歸於水. 煖氣歸火. 動轉歸風. 四大各離. 今日亡身. 當在何處. 靈駕. 四大虛假. 非可哀惜. 汝從無始以來. 至于今日. 無明緣行. 行緣識. 識緣名色. 名色緣六入. 六入緣觸. 觸緣受. 受緣愛. 愛緣取. 取緣有. 有緣生. 生緣老死憂悲苦惱. 無明滅則行滅. 行滅則識滅. 識滅則名色滅. 名色滅則六入滅. 六入滅則觸滅. 觸滅則受滅. 受滅則愛滅. 愛滅則取滅. 取滅則有滅. 有滅則生滅. 生滅則老死憂悲苦惱滅. 諸法從本來. 常自寂滅相. 佛子行道已. 來世得作佛. 諸行無常是生滅法. 生滅滅已寂滅爲樂. 歸依佛陀戒. 歸依達磨戒. 歸依僧伽戒. 南無過去寶勝如來. 應供. 正遍知. 明行足. 善逝. 世間解. 無上士. 調御丈夫. 天人師. 佛. 世尊. 靈駕. 脫却五陰殼漏子. 靈識獨露. 受佛無上淨戒. 豈不快哉. 豈不快哉. 天堂佛刹. 隨念往生. 快活快活. 西來祖意最堂堂. 自淨其心性本鄕. 妙體湛然無處所. 山河大地現眞光.

제2장 무상계원문 현토

夫無常戒者는 入涅槃之要門이요 越苦海之慈航이라. 是故로 一切諸佛이 因此戒故로 而入涅槃하시고 一切衆生이 因此戒故로 而渡苦海하나니라. 靈駕여 汝今日 迥脫根塵하고 靈識이 獨露하야 受佛無上淨戒하니 何幸如也아 靈駕여 劫火洞燃에 大千이 俱壞라 須彌巨海도 磨滅無餘어든 何況此身이 生老病死와 憂悲苦惱를 能與遠違아 靈駕여 髮毛爪齒와 皮肉筋骨과 髓腦垢色은 皆歸於地하고 唾涕濃血과 津液涎沫과 痰淚精氣와 大小便利는 皆歸於水하고 煖氣는 歸火하고 動轉은 歸風하야 四大各離하니 今日亡身이 當在何處오 靈駕여 四大虛假하니 非可哀惜이라. 汝從無始以來로 至于今日히 無明緣行하고 行緣識하고 識緣名色하고 名色緣六入하고 六入緣觸하고 觸緣受하고 受緣愛하고 愛緣取하고 取緣有하고 有緣生하고 生緣老死憂悲苦惱하나니, 無明滅則行滅하고 行滅則識滅하고 識滅則名色滅하고 名色滅則六入滅하고 六入滅則觸滅하고 觸滅則受滅하고 受滅則愛滅하고 愛滅則取滅하고 取滅則有滅하고 有滅則生滅하고 生滅則老死憂悲苦惱滅하나니라. 諸法從本來로 常自寂滅相이니 佛子行道已하면 來世得作佛하리라. 諸行無常하야 是生滅法이니 生滅滅已하면 寂滅爲樂이니라. 歸依佛陀戒하고 歸依達磨戒하고 歸依僧伽戒하라. 南無過去寶勝如來 應供 正遍知 明行足 善逝 世間解 無上士 調御丈夫 天人師 佛 世尊이시니라. 靈駕여 脫却五陰殼漏子하고 靈識이 獨露하야 受佛無上淨戒하니 豈不快哉며 豈不快哉아 天堂佛刹에 隨念往生하리니 快活快活이로다. 西來祖意最堂堂하니 自淨其心性本鄕이로다 妙體湛然無處所언만 山河大地 現眞光이로다.

제3장 무상계원문음역현토

① 부 무상계자는 입열반지요문이요 월고해지자항이라.

② 시고로 일체제불이 인차계고로 이입열반하시고 일체중생이 인차계고로 이도고해하나니라.

③ 영가여 여 금일 형탈근진하고 영식이 독로하야 수불무상정계하니 하행여야아.

④ 영가여 겁화통연에 대천이 구괴라. 수미거해도 마멸무여어든하황차신이 생로병사와 우비고뇌를 능여원위아.

⑤ 영가여 발모조치와 피육근골과 수뇌구색은 개귀어지하고 타체농혈과 진액연말과 담누정기와 대소변리는 개귀어수하고 난기는 귀화하고 동전은 귀풍하야 사대각리하니 금일망신이 당재하처오.

⑥ 영가여 사대허가하니 비가애석이라. 여종무시이래로 지우금일히 무명연행하고 행연식하고 식연명색하고 명색연육입하고 육입연촉하고 촉연수하고 수연애하고 애연취하고 취연유하고 유연생하고 생연노사우비고뇌하나니,

⑦ 무명멸즉행멸하고 행멸즉식멸하고 식멸즉명색멸하고 명색멸즉육입멸하고 육입멸즉촉멸하고 촉멸즉수멸하고 수멸즉애멸하고

애멸즉취멸하고 취멸즉유멸하고 유멸즉생멸하고 생멸즉노사우비고뇌멸하나니라.

⑧ 제법종본래로 상자적멸상이니 불자행도이하면 내세득작불하리라.

⑨ 제행무상하야 시생멸법이니 생멸멸이하면 적멸위락이니라.

⑩ 귀의불타계하고 귀의달마계하고 귀의승가계하라.

⑪ 나무과거보승여래 응공 정변지 명행족 선서 세간해 무상사 조어장부 천인사 불 세존이시니라.

⑫ 영가여 탈각오음각루자하고 영식이 독로하야 수불무상정계하니 기불쾌재며 기불쾌재아. 천당불찰에 수념왕생하리니 쾌활쾌활이로다.

⑬ 서래조의최당당하니 자정기심성본향이로다 묘체담연무처소언만산하대지현진광이로다.

제4장 우리말 무상계

① 무상계는 열반으로 들어가는 요긴한 문이며, 생사의 바다를 건너는 자비의 배니라.

② 그러므로 부처님들께서도 이 계를 의지하신 까닭에 열반에 드셨고, 중생들도 이 계를 의지하여 고해를 건너느니라.

③ 영가여, 그대는 오늘 근(根)과 진(塵)을 훌쩍 벗어나서 신령한 알음알이[靈識]가 또렷이 드러나 부처님의 위없이 거룩하신 계(戒)를 받게 되었으니, 이 얼마나 다행한 일인가.

④ 영가여, 겁화(劫火)가 훨훨 타오를 때 대천세계(大千世界)도 모두 무너지는지라. 수미산(須彌山)과 큰 바다[巨海]도 남김없이 사라지거늘 하물며 이 육신의 생노병사와 우비고뇌(憂悲苦惱)를 벗어날 수 있겠는가.

⑤ 영가여, 그대의 머리카락·터럭·손톱·치아와 가죽·살·힘줄·뼈와 골수[髓]·골[腦]·때[垢]·정색[色]은 모두가 흙으로 돌아가고, 침[唾]·콧물·고름·피와 진액(津液)·군침[涎]·거품[沫]·가래[痰]·눈물[淚]·정기(精氣)·대변(大便)·소변(小便)은 모두 물로 돌아가고, 따뜻한 체온은 불로 돌아가고, 움직이던 기능은 바람으로 돌아가서 사대(四大)가 제각기 흩어지고 난 뒤인 지금 그대

는 어디에 있는가.

⑥ 영가여, 사대는 헛되고 거짓된 것이어서 아까울 것이 없느니라. 그대는 끝없는 옛적부터 오늘에 이르기까지 무명(無明) 때문에 행(行)이 생기고, 행 때문에 식(識)이 생기고, 식 때문에 명색(名色)이 생기고, 명색 때문에 6입(六入)이 생기고, 6입 때문에 촉(觸)이 생기고, 촉 때문에 수(受)가 생기고, 수 때문에 애(愛)가 생기고, 애 때문에 취(取)가 생기고, 취 때문에 유(有)가 생기고, 유 때문에 생(生)이 생기고, 생 때문에 노사우비고뇌(老死憂悲苦惱)가 생겼나니,

⑦ 무명이 없어지면 행이 없어지고, 행이 없어지면 식이 없어지고, 식이 없어지면 명색이 없어지고, 명색이 없어지면 6입이 없어지고, 6입이 없어지면 촉이 없어지고, 촉이 없어지면 수가 없어지고, 수가 없어지면 애가 없어지고, 애가 없어지면 취가 없어지고, 취가 없어지면 유가 없어지고, 유가 없어지면 생이 없어지고, 생이 없어지면 노사우비고뇌가 없어지느니라.

⑧ 모든 법은 본래부터 항상하고도 적멸한 상이니, 불자(佛子)가 도를 행하여 마치면 내세에 부처를 이루리라.

⑨ 모든 현상은 덧없어서 모두가 생멸하는 법칙이니, 생멸이 멸해 다하면 적멸 그대로가 즐거움이 되느니라.

⑩ 부처님께 귀의하는 계법[歸依佛陀戒]을 지니고, 법보님께 귀의하는 계법[歸依達磨戒]을 지니고, 승보님께 귀의하는 계법[歸依僧伽戒]을 지니라.

⑪ 나무과거 보승여래(寶勝如來)·응공(應供)·정변지(正遍知)·명행족(明行足)·선서(善逝)·세간해(世間解)·무상사(無上士)·조어장부(調御丈夫)·천인사(天人師)·불(佛)·세존(世尊)이시니라.

⑫ 영가여, 그대는 5음(五陰)의 거푸집을 훌쩍 벗어버리고, 영령한 식[靈識]이 오롯이 드러나 부처님의 위없고 청정한 계를 받았으니, 어찌 통쾌한 일이 아니며, 어찌 통쾌한 일이 아니겠는가. 천당(天堂)과 불찰(佛刹)에 마음대로 태어나게 되었으니, 쾌활(快活)하고도 쾌활한 일이로다.

⑬ 서쪽에서 오신 조사(祖師)의 뜻 가장 당당하시니, 스스로가 자기 마음 맑히면 본래의 고향이라. 묘한 본체는 맑고 맑아 일정한 처소 없어서, 산하대지 어디서나 참 광명 뿐으시네.

제5장 무상계 과도

一部經文文分爲三

甲一豫讚無常戒功德(예찬무상계공덕)무상계의 공덕을 미리 찬양하심二

- 乙一以生死苦海而勸持(이생사고해이권지)생사 고해를 건너는 배라고 권하심.❶(夫無常戒者)
- 乙二以涅槃得度而證之(이열반득도이증지)부처님의 득도로써 믿으라고 증거대심❷(是故一切諸)

甲二正示修習無常法門(정시수습무상법문)무상계 닦는 법을 직접 보이심二

- 乙一衆生得入(중생득입)중생들의 깨달아 들어가는 법四
  - 丙一體得無常觀(체득무상관)무상의 이치를 터득케 하는 관법❸(靈駕汝今日)
  - 丙二幻化無實觀(환화무실관)헛된 것에는 진실이 없다는 관법❹(靈駕劫火洞)
  - 丙三會色歸空觀(회색귀공관)현상을 모아 공으로 돌아가는 관법❺(靈駕髮毛爪)
  - 丙四會緣入實觀(회연입실관)인연법을 모아 진실로 들어가는 관법二
    - 丁一緣生流轉觀(연생유전관)인연법에 얽매이면 생사의 길이다❻(靈駕四大虛假)
    - 丁二緣滅歸實觀(연멸귀실관)인연법을 벗어나면 해탈의 길이다❼(無明滅則行滅)
- 乙二菩薩得入(보살득입)보살들의 깨달아 들어가는 법四
  - 丙一頓同佛之寂滅(돈동불지적멸)당장에 부처님의 적멸과 같아지다❽(諸法從本來)
  - 丙二頓同佛之實相(돈동불지실상)당장에 부처님의 실상과 같아지다❾(諸行無常是)
  - 丙三頓同佛之淨戒(돈동불지정계)당장에 부처님의 정계와 같아지다❿(歸依佛陀戒)
  - 丙四頓同佛之十號(돈동불지십호)당장에 부처님의 십호와 같아지다⓫(南無過去寶)

甲三慶讚所得功德(경찬소득공덕)얻은 공덕을 경하하고 찬탄하심二

- 乙一正慶讚所得功德(정경찬소득공덕)이미얻은공덕을정히경하하고찬탄하심⓬(靈駕脫却五)
- 乙二重嘆白無量功德(중탄백무량공덕)무량한공덕을거듭경하하고찬탄하심⓭(西來祖意最)

＊ 이 과도의 풀이는 다음 여러 장(章)에서 인용된다.

제6장 무상계과도해설

이 장은 위 제5장의 과도(科圖) 판독하는 방법을 설명한 것이다. 과도라 함은 경이나 논의 문장을 구간마다 내용에 따라 문단을 나누고, 거기에 적절한 이름[科目]과 번호를 붙여가며 그 내용을 파악해나가는 방법이다.

이 제도를 처음 시작한 이는 중국 동진(東晋=서기314-385) 때의 도안법사(道安法師)인데 경이나 논을 서분(序分) 정종분(正宗分) 유통분(流通分)으로 나누고, 그 밑의 경론 전체를 뜻에 따라 과목을 잘게 나누어 한 경론의 흐름을 일목요연하게 파악토록 하는 방법이었다.

그 후 이 방법은 중국에서 널리 쓰였고, 우리나라에서도 옛날부터 강원에서 준용했던 제도여서 나도 강원에 있을 때 과도에 의해 공부하면서 유익한 방법이라고 생각하면서도 힘들어했던 적도 있었다. 그렇건만 이제 이 강화를 시작하면서 이 방법을 도입하는 이유는 다음과 같다.

첫째, 내용을 파악하는데 매우 유익한 방법이기 때문이요,

둘째, 우리나라 교학사(教學史)에 이런 제도가 있었다는 것을 모르는 이에게 알리고 싶기 때문이요,

셋째, 여러분에게 이런 체험을 권하고 싶기 때문이요,

넷째, 이 제도가 오래 이어지기를 바라는 생각에서이다.

다음 위 제5장의 과도를 분석해 보건대 그 첫머리의 "文分爲三" 은 경문 전체를 甲1 甲2 甲3 등 3과(三科)로 대분(大分)하겠다는 것이니, 이를 기본3과라 하며, 서론·본론·결론에 해당된다.

이 기본3과 중 甲1에서 乙1 乙2의 양과(兩科)로 나뉘어 2개의 단말과(端末科)가 이루어졌고, 甲2에서 역시 乙1과 乙2 양과로 나뉘어졌고, 乙1에서 다시 丙1 丙2 丙3 丙4 등 네 과로 나뉘었고, 丙4에서 다시 丁1 丁2 양과로 나뉘어 다시 5개의 단말과가 이루어졌고. 乙2에서 다시 丙1 丙2 丙3 丙4 등 네 과로 나뉘어 4개의 단말과가 이루어졌고, 甲3에서 다시 乙1과 乙2 양 과로 나뉘어 다시 2개의 단말과가 형성되어 도합 13개의 단말과가 이루어졌다.(第5章 科圖참조).

여기서 단말과라 함은 문장의 과목을 나누다가 더 이상 나눌 수 없는 마지막 구간이란 뜻이니, 마치 대한민국을 특별시(特別市)와 (道), 등으로 대분(大分)하고, 그것을 다시 시(市) 군(郡) 등으로, 시군(市郡)을 다시 읍(邑) 면(面) 등으로, 읍면을 다시 동(洞) 리(洞里) 등으로 쪼개다가 더 이상 쪼갤 수 없는 자리에 일정한 번지(番地)를 주어 관리하는 것과 같다.

이 경의 경우도 쪼개고 또 쪼개서 더 이상 쪼갤 수 없는 구간이 13곳인데 이 13구간마다에 ① ② 등의 일련번호를 붙이고, 번호마다의 대의를 표시하는 명칭을 붙여 본강(本講)의 순서와 강제(講題)로 삼아 강화를 진행할 계획이다.

마지막으로 지문(指文)에 관하여 설명하리라. 지문이란 위 제5장 무상계과도에서 매항(每項)마다 끝 부분에 있는 "(夫無常戒者)" 등을 이르는 말이니, 이는 그 과목이 경의 어디서부터 시작된 것인가를 알리기 위한 방법이니, 첫 항의 경문은 "夫無常戒者" 로부터 시작된다는 표시이다.

본강에 들어가서는 이 단말과 마다를 단위로 하여 [小題目] [科名] [來意] [本文] [講話] 등의 순으로 나누어 이야기를 진행할 생각이다.

제7장 수장해설(隨章解說)

제1강(第一項經)

[科名] 생사고해를 건너는 배라고 권하심[以生死苦海而勸持].

[來意][2] 무상계를 다음과 같이 크게 세 대과(大科)로 나눈다.

甲1. 예찬무상계공덕(豫讚無常戒功德) : 무상계의 공덕을 미리 찬양하심.

甲2. 정시수습무상법문(正示修習無常法門) : 바야흐로 무상계 닦는 법을 직접 보이심.

甲3. 경찬소득공덕(慶讚所得功德) : 얻은 공덕을 경하하고 찬양하심.

여기서 甲1은 일반적인 서분(序分)과 같고, 甲2는 정종분(正宗分)과 같고, 甲3은 일반적인 유통분(流通分)과 같다는 것은 이미 말한 바 있다.

甲1을 다시 두 중과(中科)로 나눈다.

乙1. 이생사고해이권지(以生死苦海而勸持) : 생사고해를 건너는 배라고 권하심.

강이나 바다를 건너려면 배를 타야 하듯이 생사의 고해를 건너가려면 무상계를 받아 지니라고 권하시는 내용이다. 그런데 과도에서는 되도록 글자를 줄여서 짧게 표현해야하는 까닭에 과목의 이름이 이렇게 어느 공식기호처럼 무미건조하게 되었음을 양해하시기 바란다. 뒤의 여러 항의 과명도 이에 준하여 이해하여 주시기 바란다.

---

2) 來意 : 해당 대목이 오게 된 이유. 경을 서술해 나가는 순서와 논리를 설명하는 장치.

乙2. 이열반득도이증지(以涅槃得度而證之) : 부처님의 득도로써 믿으라고 증거대심.

甲2를 다시 두 중과(中科)로 나눈다.
乙1. 중생득입(衆生得入) : 중생들의 깨달아 들어가는 법.
乙2. 보살득입(菩薩得入) : 보살들의 깨달아 들어가는 법.

乙1을 다시 다음과 같이 네 소과(小科)로 나눈다.
丙1. 체득무상관(體得無常觀) : 무상의 이치를 터득케 하는 관법.
丙2. 환화무실관(幻化無實觀) : 헛된 것에는 진실이 없다는 관법.
丙3. 회색귀공관(會色歸空觀) : 현상을 모아 공으로 돌아가는 관법.
丙4. 회연입실관(會緣入實觀) : 인연법을 모아 진실로 들어가는 관법.

본항(本項) 甲1下의 乙1은 생사와 고해를 예로 들어 무상계를 읽으라고 권하시는 대목[以生死苦海而勸持]이다. 다생겁래에 애지중지하던 육신과 친지를 이별하고 영식(靈識)만이 홀로 남아 만경창파에 표류하는 편주(片舟)와 같이 절박한 처지에 놓인 영가에게 가장 필요한 것으로서 우선 자비의 배가 여기에 있으니 어서 타고 고통에서 벗어나라고 권하시는 내용이다.

① [本文] 무상계는 열반(涅槃)으로 들어가는 요긴한 문[要門]이며, 생사(生死)의 바다를 건너는 자비의 배[慈航]니라.

[講話] 이 대목은 무상계를 설하시는 첫 대목인데 어찌하여 다른 경처럼 누군가가 질문을 한 것도 아니고, 특별한 상황이 벌어진 것도 아닌데 불쑥 무상계의 공덕을 들고 나오셨을까 할 것이다.

그러나 부처님의 교화방편에는 남의 뜻에 따라 설하시는 수타의설(隨他意說)과 당신님의 소신대로 설하시는 수자의설(隨自意說)이 있는데 수자의설의 경우 대체로 육성취(六成就)의 부분이 생략되고 내용이 딱딱한 골경(骨經)인 것이 공통점이다.

이 경의 경우가 그러하여서 이 몸을 영원한 것으로 믿고 정신없이 살다가 하루아침에 무주고혼(無主孤魂)이 된 영가와 천년만년 함께 살 줄로 믿었다가 그의 죽음을 만나 애통해 하는 유족들 모두에게 '너희들 모두 지극한 마음으로 무상계를 받아 지니면 그 공덕으로 영가는 지혜의 눈이 열려 고통을 여의고 낙을 얻을 것이요, 유족들은 이 공덕으로 복과 수명이 늘어날 것이니, 떠나는 이와 남아있는 이 모두가 이 무상계를 성심껏 받아 지니라.' 는 일종의 긴급조치이시다.

이 대목의 경문을 세 토막으로 나누니, 첫째 "무상계는 …" 은 총표(總標)요, 둘째 "열반(涅槃)으로 들어가는 요긴한 문[要門]이며 …" 는 보살득입(菩薩得入)이니, 이미 오래 수행을 쌓으신 보살들에게는 성불의 연[成佛緣], 즉 부처지위에 오르는 디딤돌이란 뜻이요, 셋째 "생사(生死)의 바다를 건너는 자비의 배[慈航]니라… ." 는 중생득입(衆生得入)이니,

즉 아무런 준비 없이 생사의 바다로 내몰린 중생들에게는 구난(救難)의 나룻배라는 것이다.

어찌하여 무상계에 이런 공덕이 있을까. 무상계의 뜻을 관하면서 열심히 독송하면 삶의 현장에서 까닭 없이 악업을 짓지 않게 되고, 사후에 가족이나 송경법사(誦經法師)가 뜻을 관하면서 독송해 주면 그 공덕(功德)으로 영가가 알아듣고, 따라 좋아하는 마음[隨喜心]을 내게 되고, 다시 그 힘으로 마장(魔障)을 이겨낼 힘이 생기기 때문이다.

다시 말해 무상계를 독송하되 그 의미를 관하면서 오래 지속하면 자기내면에 표시할 수 없는 정신적인 힘[無表色][3]이 형성되어 평소에 간직했던 바른 생각[正念]과 바른 길[正道]을 따라 원하는 국토에 마음대로 태어날 수 있게 된다. 이것을 수원왕생(隨願往生)이라고 한다.

수원왕생은 수념왕생(隨念往生)이라고도 하니, 평소에 원하던 대로 극락세계에 왕생했다는 뜻이다. 다시 말해 어떤 이가 평소에 발원하기를 "나는 극락세계에 왕생하리라." 하고는 그 염원이 견고해서 하루아침에 기회가 왔을 때 그 기회를 잃지 않고 왕생하나니, 이런 경우를 일러 수원왕생이라 한다.

만일 어떤 이가 극락세계에 왕생하리라고 발원하고는 그 염원이

3) 무표색(無表色) : 겉으로 드러나지는 않지만 말이나 행위에 의해 미래에 받을 과보의 원인으로 내면에 새겨져 있는 잠재력. 예컨대 선법을 행하거나 계를 잘 지키고 몸에 익히면 그에 따라 바람직한 힘이 생기는 것.

순일치 못해서 가끔 잊거나 기억하더라도 신심이 산란해서 앞생각과 뒷생각이 이어지지 않으면 그 짬에 반야용선이 와서 왕생길을 도우려 해도 어쩔 수 없는 일이지만 정신을 바짝 차리고 있는 이는 반야용선으로 하여금 헛걸음을 하게하지 않는다.

이것이 불교의 구원론이며, 부처님의 가피력이며, 일체유심조이다. 그러기 위해서는 평소에 정념(正念)을 잃지 않는 공부를 많이 해야 하고, 설사 평소에 공부를 많이 했더라도 웬만한 정력(定力)으로는 거의가 몸을 바꾸는 격음지제(隔陰之際=臨終)에 실념(失念)하기 때문에 법력과 성의를 갖춘 송경법사의 도움이 절대로 필요하다는 것이다.

그러므로 이 경은 이미 타계(他界)한 영가만을 위해서 독송하는 것이 아니라 자기 자신의 사후[身後]를 위해 독송해서 다음생의 공덕을 쌓는 공덕경(功德經)이기도 하다. 이상으로써 제1강의 강화를 마친다.

제2강(第二項經)

[科名] 부처님의 득도로써 믿으라고 증거대심[以涅槃得度而證之].

[來意] 이 대목은 위 제1항과 함께 甲1科에서 나온 것인데 제1항의 말씀을 입증시키는 내용이다. 다시 말해 제1항에서 "무상계는 열반에 드는 요문이며, 생사의 바다를 건너는 자비의 배" 라고 하셨는데 그것으로 끝내면 듣는 이가 안 믿을 수도 있고, 그렇게 되면 유정들을 이롭게 해야 하는 보살도(菩薩道)에 어긋난다.

그래서 이르시기를 "그러므로" 라고 전제하시고, '이어 과거 현재 미래의 여러 부처님께서 이 법을 의지하시는 까닭에 고해를 훌쩍 뛰어넘으신 분명한 증거가 있으니, 일체중생 모두가 이 법을 의지해서 닦기만 하면 어찌 고해를 뛰어넘지 못하랴. 그러니 무조건 믿으라.' 고 권하신다.

그렇다면 앞의 제1항인 乙1과 어떤 차이가 있는가. 乙1과 乙2의 차이를 나눈다면 乙1은 일단 믿으라고 찬양하신 정찬(正讚)이요, 본항은 전항의 말씀을 의심치 말라고 단속하시는 차의(遮疑)에 해당된다고 할 수 있다.

② [本文] 그러므로 부처님들께서도 이 계를 의지하신 까닭에 열반(涅槃)에 드셨고, 중생들도 이 계를 의지하여야 고해(苦海)를 건너느니라.

[講話] 이 대목은 '위 제1항 경의 말씀에 조금도 거짓이 없음을 입증시키시는 내용이니, 그 증거로서 이 계를 믿고 지송하신 지난날의 보살들은 오늘 부처님의 지위에 오르셨고, 이 계를 믿고 지송한 지난날의 중생들은 오늘 보살이 되어 고해를 건너지 않았느냐.' 고 반문하시는 형식을 통해 믿기 어려워도 믿으라고 강조하신 내용이다.

이렇듯 중생과 보살이 다 같이 수행하여 중생은 보살로, 보살은 여래로 승진했다는 말씀은 『반야심경』에도 보이니, "보리살타 의반야바라밀다고 심무가애(菩提薩埵 依般若波羅密多故 心無罣礙)~삼세제불 의반야바라밀다고 득아뇩다라삼먁삼보리(三世諸佛 依般若波羅密多故 得阿耨多羅三藐三菩提)", 즉 보살은 반야바라밀다를 의지하는 까닭에 마음에 걸림이 없고,

나아가서 과거 미래 현재의 부처님들께서도 반야바라밀다를 의지하신 까닭에 아뇩다라삼먁삼보리를 얻으셨다 하신 것이 그것이다.

『반야심경』 첫머리에도 "조견오온개공 도일체고액(照見五蘊皆空 度一切苦厄)", 즉 5온이 모두 공한 것을 비추어 보고 모든 고통과 액난을 건넜다고 전제하시고는 5온(蘊)·6입(入)·12처(處)·18계(界) 등 제법(諸法)과 12인연(因緣) 등 세간·출세간법을 총망라하여 아무 것도 만날 수 없는 민절무기처(泯絶無寄處)[4]에까지 몰고 가셨다가 마침내는 중생이 마음에 걸림이 없는 경지를 얻으면 보살이 되고, 보살이 더욱 정진하면 열반에 든다고 간절하신 속내를 몽땅 털어놓으신 것이 이 경과 흡사하다.

따라서 이 ①②항의 형식을 우리 주변에서 찾는다면 마치 어떤 약장수가 목청을 높여 외치기를 "이 약은 이러이러한 약입니다. 어디 사는 아무개도 이 약을 먹고 죽을병에서 살아났고, 어디 사는 아무개는 이 약을 먹고 죽을병에서 깨어나서 현재 회복 중입니다." 하여, 자기의 약을 되도록 많이 팔려는 것과도 비슷하다. 이런 형식을 거과권락(擧果勸樂)이라 하니, 즉 그럴듯한 공덕을 예시(例示)하여 그 교설에 따르도록 권유하시는 방법이다.

이런 형식은 부처님의 경전 중에서도 매우 드무니, 모든 경전이 거

---

4) 민절무기처(泯絶無寄處) : 감각과 의식이 모두 없어진 깜깜한 상태. 아무것도 붙잡을 것이 없는 경지.

의가 누군가의 질문이 있거나 어떤 상황이 생기면 거기에 맞추어 설명하시는 것이 상례인데 이 무상계는 가깝게는 『반야심경』, 멀리는 『화엄경(華嚴經)』의 형식을 취한 것이 특징이다. 먼저 이 경이 매우 중요한 경임을 믿으라 하시고, 다음 중생들이 어떻게 신봉해야하는가를 보이시고, 다음 깨달음의 경지를 소개하시고, 끝으로 모두가 만나는 본래의 고향을 소개하셨다.

『화엄경』에서 이런 논법을 쓰셨다는 말은 그 경의 네 대과(大科)를 보면 알 수 있기 때문이니, 첫째는 거과권락생신분(擧果勸樂生信分)이니, 초회(初會) 6품(六品=世主妙嚴品~毘盧遮那品)에서 이미 얻으신 거룩한 과위(果位)를 예로 들어 믿음을 내라고 권하신 부분이다. 둘째는 수인계과생해분(修因契果生解分)이니, 제2회로부터 제7회까지의 31품에서 보살의 인행(因行)을 닦으면 반드시 여래의 지혜가 생긴다고 설하신 부분이다. 셋째는 탁법진수성행분(托法進修成行分)이니, 제8회에서 차례[法階]에 맞추어 닦아 올라가면 자연히 행위(行位)가 이루어진다고 설하신 부분이다. 넷째 의인증입성덕분(依人證入成德分)이니, 제9회 입법계품에서 선재동자(善財童子)가 53선지식을 차례차례 만날 적마다 평범하면서도 새로운 깨달음을 이루시는 내용이다.

이 경의 제1항과 제2항이 화엄의 거과권락생신분(擧果勸樂生信分)과 같다고 한 것은 좀 무리가 될지 모르겠으나 이 경의 첫머리에 '무상계는 열반에 드는 요긴한 문이요, 고해를 건너는 배니라.' 하신 것은, 이 무상계를 내가 시키는 대로 법다이 수지독송(受持讀誦)하기만 하면 너희가 그토록 애처로워하는 영가가 반드시 열반성(涅槃城)의 문이나 고해를 건너는 나룻배를 만나게 될 것이라고 하신 것이 마치 『화엄경』에서 융숭한 과위(果位)를 예로 들어 믿음을 내게 한 것과 같다는 것이다.

그러나 오죽이나 답답하시면 이토록 간곡한 말씀을 하셨을까. 우리는 모름지기 그 끝없으신 무연대비(無緣大悲)에 감사하고 따라야 할 것이다. 불무망언(佛無妄言), 즉 부처님은 거짓말이 없으시다는 것을 우리는 믿어야 한다. 열심히 아래 경문과 설명을 숙독상미(熟讀詳味), 즉 자세히 읽고, 곰곰이 곱씹어서 지식화(知識化)하고, 그것을 다시 신행화(信行化)하고, 거기서 한걸음 더 나아가 자기화(自己化)하여, 언젠가 한 번은 꼭 만나야 할 마지막 관문에서 "부처님의 말씀이 과연 옳으셨구나!" 하고, 고해를 훌쩍 건너뛰기를 다짐하자. 이상으로써 제2강의 강화를 마친다.

제3강(第三項經)

[科名] 무상의 이치를 터득케 하는 관법[體得無常觀].

[來意] 이 대목은 두 번째 대과(大科)인 甲2 정시수습무상법문과(正示修習無常法門科)의 장손과(長孫科)니, 바야흐로 무상계의 요체(要諦)인

무상관(無常觀)을 터득케 하시는 내용이다.

따라서 여기서부터 이 경의 본론인 정종분(正宗分)이 시작되니, 서분(序分)에서 이미 예시하시기를 무상계는 열반으로 들어가는 문이며, 고해를 건너는 배라고 하셨는데 이제부터 무상계가 어떻게 문이 되고 배가 되는 가를 차례차례 구체적으로 설명해 나아가셨기 때문이다.

무릇 수행(修行)과 증입(證入)의 과정에는 반드시 다음 네 가지 요건이 구비되어야 한다.

①소종법(所宗法) : 자신이 숭상하는 이론.

②소화기(所化機) : 자신이 교화해야 할 대상.

③소단혹(所斷惑) : 자신이 끊어야 할 번뇌.

④소증위(所證位) : 자신이 닦아 증득해야 할 지위.

이 원칙으로 무상계를 조명하면 무상(無常)은 소종법(所宗法)이요, 신원적(新圓寂) 영가와 우리들은 소화기(所化機)요, 무상의 이치를 깨닫지 못하게 하는 어리석음은 소단혹(所斷惑)이요, 증득(斷惑)한 뒤의 경지는 소증위(所證位)에 해당된다.

그러므로 서분에서는 중생과 보살 양문(兩門)을 인위(因位)로 하여 한꺼번에 모두 이득을 얻는다 하셨는데, 여기서는 보살과 제불 두 문을 과위(果位)로 들어 지난날의 보살은 여래로, 지난날의 중생은 보살로 승진하는 과정을 두 문으로 나누어 말씀하셨으므로 다시 다음과 같이 분과(分科)하게 된다.

먼저 甲2 대과(大科)를 다음 두 중과(中科)로 나눈다.

乙1. 중생득입(衆生得入) : 중생들의 깨달아 들어가는 법.

乙2. 보살득입(菩薩得入) : 보살들의 깨달아 들어가는 법.

乙1을 다시 네 소과(小科)로 나눈다.

丙1. 체득무상관(體得無常觀) : 무상의 이치를 터득케 하는 관법.

丙2. 환화무실관(幻化無實觀) : 헛된 것에는 진실이 없다는 관법.

丙3. 회색귀공관(會色歸空觀) : 현상을 모아 공으로 돌아가는 관법.

丙4. 회연입실관(會緣入實觀) : 인연법을 모아 진실로 들어가는 관법.

③ [本文] 영가(靈駕)여, 그대는 오늘 근(根)과 진(塵)을 훌쩍 벗어나서 신령한 알음알이[靈識]가 또렷이 드러나 부처님의 위없이 거룩하신 계(戒)를 받게 되었으니, 이 얼마나 다행한 일인가.

[講話] 이 대목부터는 무상계의 본론에 해당되니, 甲2科 전체가 정종분(正宗分)에 속하기 때문이다. 이 甲2에서 다시 乙1과 乙2 둘로 나뉘고, 이 두 과에서 각기 네 소과(小科)가 나온다는 것은 이미 내의(來意)에서 말한 바 있다. 그중에 본항은 乙1에서 갈라져 나온 첫째 丙1, 무상의 이치를 터득케 하는 관법, 즉 무상의 이치를 깨닫는 수행방법을 일러주시는 내용이다. 따라서 모든 법이 무상하다는 것을 깨달아 들어가게 하시는 첫 관문이기 때문에 여기서부터 정종분으로 분류한다.

그렇다면 무상관이란 무엇인가. 정신없이 삶의 현장을 헤매다가 하루아침에 유명(幽明)을 달리한 망자의 혼신(魂神)인 영가(靈駕)에게 "그대가 이 순간까지 자신이라고 생각했던 6근(根)과 6진(塵)과 6식(識) 등 세 가지는 이미 제구실을 못하고 속절없이 그대의 곁을 떠났고 소소영령(昭昭靈靈)한 식(識)만이 남았으니, 그것을 서러워 말고 도리어 이 기회에 식(識)을 잘 추슬러서 바른 법에 의존하여 생멸의 환망(幻妄)을 영원히 벗어나라." 는 것이다.

이는 마치 꿈속에서 온갖 희비고락을 누리다가 순식간에 잠을 깬 이가 "지금까지 꿈속에서 누리던 환락의 경계는 어디로 갔느냐. 그 환락의 경계를 다시 만났으면 좋겠다." 고 생각하는데, 이때 현명한 친지(親知)가 와서 "그대는 지금까지 꿈을 꾸고 있었다. 이제 그 꿈에서 깨어났으니, 얼마나 다행한 일이냐. 꿈은 원래 허망한 것인데 그 꿈에서 깨어나서 진정한 행복을 가꿀 수 있게 되었으니, 도리어 기뻐해야 할 일이 아니고 무엇이겠느냐." 고 하는 것과 같다.

여러분! 여러분이 이런 처지에 놓이셨는데 부처님께서 불쑥 나타나셔서 "너는 참 잘됐다. 이제야 비로소 불법을 바로 알게 되었으니, 참으로 기뻐할 일이로다." 하신다면 여러분은 "예, 저도 그렇게 생각하옵니다." 할 수 있겠는지요. 아마도 십상팔구(十常八九)는 섭섭하다고 하실 것이다. 그러나 이는 범부들의 상정(常情)일뿐 해탈의 길은 아님을 알아야 한다.

내가 1955년을 전후해 진주(晉州) 연화사(蓮華寺)라는 절에서 잠시 지낸 적이 있었는데 그때 진주의 무슨 관서장(官署長)이라는 분이 젊어 상배(喪配)를 당해 독경을 해 달라는 청장(請狀)이 왔다. 그때 함께 있었던 호연(浩然)이라는 젊은 스님이 자원하고 나서서 시다림(尸茶林)을 가겠다고 하기에 내가 번역해 두었던 무상계를 주면서 "이것을 가지고 가서 독송해 보라." 고 했더니, "좋다" 하고 받아 가지고 갔다.

그런데 얼마 안 되어 울상이 되어 되돌아왔다. 사연을 들어보니, 평소와 같이 독경을 시작하여 무상계의 이 대목에 이르자 좌중에 있던 할머니들이 와르르 들고 일어나 "이 가짜 중놈아! 남은 피눈물이 나는데 '얼마나 다행한 일이냐.' 가 뭐냐?" 고 항의하며 얼굴을 쥐어뜯어 어쩔 수 없이 도망치듯이 빠져나왔다는 것이다.

이 말을 듣는 순간, 나는 그들의 분노를 십분 이해하면서도 그것이 우리 불교의 현주소로구나하고 생각하니 많이 서글펐었다. 고금을 통해 얼마나 많은 상가에서 이 무상계를 독송하며 장사를 지냈지만 아무런 탈이 없었는데 왜 유독 이 댁에서만 문제가 생겼을까.

그 원인이 있다면 번역한 무상계를 독송해서 그들이 말귀를 알아들었기 때문이리라. 다른 스님들은 원문 음으로 독송하기 때문에 듣는 유족들이 뜻은 알아볼 필요도 없이 그저 좋은 말씀이거니 하고 지나갔었다. 그런데 지금 번역한 경문을 대하자 알아듣기는 들었는데 "오늘 당신이 죽어 주어서 얼마나 다행인지 모르겠다." 는 식의 악담(惡談)으로 잘못 들은 것이다.

그러니 그들의 분노를 탓할 수만은 없는 일이었다. 지난날에는 무슨 말인지 몰라서 아무런 불평도 없었는데 오늘 자세히 듣고 보니 화가 난 것이다. 그러나 우리는 그들의 화내는 짓을 탓할 것이 아니라 화 대신 기쁨을 느끼게 해 주지 못했음을 가슴아파해야 한다. 그 일이 어렵고 힘들더라도 우리는 우리라는 공동체의 이름으로 그 일을 꼭 해내야 한다.

예컨대 "부처님께서 '태어난 이는 반드시 죽는다[生者必滅].' 고 하셨습니다. 오늘의 영가께서도 인연 따라 가셨으니, 너무 마음 아파하지 마십시오." 한다든가, 또는 "오늘의 영가님은 먼저 극락세계에 가서 자리를 잡아놓고 남아있는 가족들이 천수를 다한 뒤에 모두 데려가려고 먼저 가셨으니, 오늘의 이별은 너무나 거룩한 이별이라고 생각하십시오." 해야 할 것이다.

그러므로 경문에도 '영가(靈駕)여, 오늘까지 그대의 몸이라고 생각했던 6근(根)과 그대의 소유물이라고 생각했던 6진이 모두 그대의 곁을 떠나 극락세계로 가게 되었으니, 이 얼마나 다행스러운 일인가. 그러니 이 구질구질한 육신의 세계에 추호의 미련도 두지 말고 극락세계를 향하여 훌쩍 떠나라.' 하신 것이다. 이상으로써 제3강의 강화를 마친다.

제4강(第四項經)

[科名] 헛된 것에는 진실이 없다는 관법[幻化無實觀].

[來意] 이 대목은 위 乙1科 밑의 네 소과(小科) 중 丙2 환화무실관(幻化無實觀), 즉 헛된 것에는 진실이 없다는 관법이다. 위 제3항 경에서 "신령한 알음알이[靈識]가 또렷이 드러나 부처님의 위없이 거룩하신 계(戒)를 받게 되었으니, 이 얼마나 다행한 일인가." 하고 격려해 주셨는데 이제 그 거룩하신 계법을 받을 준비가 잘되기를 바라시는 뜻에서 잘못된 공부를 경계하신다.

이미 사라진 육신에 대한 미련을 버리지 못하는 것이 가장 큰 병이기 때문에 의보(依報)와 정보(正報) 모두가 환화(幻化)여서 실체가 없다고 가르치셨다. 이 몸은 정보요, 이 몸이 의지해 있는 대천세계는 의보인데 이 의보와 정보가 공히 무상하여 영원성이 없다는 것을 바로 아는 것이 곧 무상계에 드는 첫걸음이라는 것이다.

이에 혹자는 "그렇다면 이것은 하나의 거룩한 가르침이며 관법(觀法)에 속하는 것인데 어찌하여 계(戒)라고 하셨을까. 계란 일반적으로 무엇무엇은 하지 말라고 언행을 규제하는 것인데 이 법문이 어찌 계가 되는가." 하는 의문을 가질 것이다.

그러나 계의 진정한 취지는 계율을 잘 지켜 정업(淨業)을 쌓고, 선법을 잘 봉행하여 복업(福業)을 쌓고, 중생을 잘 거두어 중생연(衆生緣)을 쌓으라는 것이다. 이 세 가지를 묶어서 삼취정계(三聚淨戒)라 하니, 삼취정계란 계의 조목조목을 잘 지키라는 섭율의계(攝律儀戒)와 선한 법을 많이 수지하라는 섭선법계(攝善法戒)와 중생을 두루 이롭게 하라는 섭중생계(攝衆生戒)이다. 이 세 가지는 한 덩어리이기 때문에 어느 하나를 들면 나머지 둘이 저절로 이루어진다는 것이다.

더구나 이 경을 듣기에 적합한 근기[對機]는 세상 인연이 다해서 육체를 버리고 영식(靈識)만 남은 영가이다. 그들은 섭율의계와 섭중생계는 지키려 해도 지킬 수가 없고, 자기의 영식으로 무상계법문이란 선법(善法) 하나만 받아들임으로써 나머지 두 가지 계상(戒相)도 성취되기 때문에 계라는 이름을 붙여 설하신 것이 아닐까 생각한다.

④ [本文] 영가여. 겁화(劫火)가 훨훨 타오를 때 대천세계(大千世界)도 모두 무너지는지라. 수미산(須彌山)과 큰 바다[巨海]도 남김없이 사라지거늘 하물며 이 육신(肉身)의 생로병사(生老病死)와 우비고뇌(憂悲苦惱)를 벗어날 수 있겠는가.

[講話] 끝내 헤어지지 않기를 바랐던 육신이 마침내 자기를 버리고 떠나버린 뒤인 이 순간, 영가는 애석하고도 억울하다는 생각뿐일 것이다. 위 제3항의 법문을 들었으나 영가로서는 쉬이 납득하지 못하리라는 것을 설주(說主)께서는 너무나 잘 아신다.

그래서 이 대목에서는 겁화(劫火)가 타오를 때에 대천세계도 수미산도 큰 바다도 모두 사라질 터인데 하물며 이 하찮은 그대의 육신이 어디에 붙어서 생로병사(生老病死)와 우비고뇌(憂悲苦惱)가 없이 상주할 수 있겠느냐고 다그쳐 물으시는 형식을 취해, 그럴 리는 전혀 없으니 행여라도 이 육신이 상주하기를 바라는 분별심을 내지 말라 하셨다.

대천세계(大千世界)란 삼천대천세계(三千大千世界)의 준말이니, 일정한 단위의 세계를 세 차례 천 곱[千倍]한 큰 세계란 뜻으로서 요즘 말하는 대우주(大宇宙) 정도의 개념이다.

고래로 이 삼천대천세계를 게송에 담아 송지(誦持)했으니, 그 내용은 다음과 같다.

사대주일월(四大洲日月) 사대주(四大洲)와 일월(日月)과
소미로욕천(蘇迷盧欲天) 수미산(須彌山)과 육욕천(六欲天),
범세각일천(梵世各一千) 범세(梵世)가 각각 일천(一千)이면
명일소천계(名一小千界) 소천세계(小千世界)라 이름하고,

차소천천배(此小千千倍) 이 소천(小千)이 천 곱이면
설명일중천(說名一中千) 중천세계(中千世界)라 하고,
차천배대천(此千倍大千) 중천이 천 곱이면 대천세계(大千世界)니,
개동일성괴(皆同一成壞) 모두가 예외없이 생기고 사라지고 한다.

첫째 사대주는 수미산(須彌山::妙高)을 중심으로 전개된 사천하(四天下)를 말하니, 동불바제주(東弗婆提洲) 남섬부주(南贍部洲) 서구야니주(西瞿耶尼洲) 북구로주(北拘盧洲) 등 네 대륙[四洲世界]을 이르는 말이다. 따라서 지금 우리가 사는 곳은 남섬부주요, 해[日]와 달[月] 역시 우리가 아는 해와 달이다.

다음 소미로는 수미(須彌山)의 구역(舊譯)이며, 수미산(須彌山)을 이르

는 말이니, 사대주의 복판에 우뚝 서 있고, 그 높이는 팔만사천유순(由旬)이라 한다. 따라서 유순은 거리를 표시하는 단위인데 소 중 대, 세 종류가 있으니, 소유순(小由旬)은 육십리요, 중(中)유순은 팔십리요, 대(大)유순은 백리라 한다.

다음 욕천(欲天)은 욕계의 육천(六天)이니, 사왕천(四王天), 도리천(忉利天), 야마천(夜摩天), 도솔천(兜率天), 화락천(化樂天), 타화자재천(他化自在天)이다. 수미산 중턱에 해와 달이 왕래하는 길이 있고, 그 길을 따라 사방(四方)에 사천왕이 머무니, 이를 첫째 사왕천(四王天)이라 하고, 수미산 꼭대기 한복판에 제석천왕(帝釋天王)이 좌정하여 사방으로 여덟 천왕씩을 배정해 놓고 사천하(四天下)를 굽어보며 통치한다. 그러므로 이를 둘째 제석천(帝釋天)이라고도 하고, 또는 도리천(忉利天)이라고도 하니, 도리(忉利)는 곧 삼십삼(三十三)이란 뜻으로서 제석천왕과 사방의 여덟 왕을 합쳐서 부르는 명칭이다.

이어 셋째 야마천(夜摩天), 넷째 도솔천(兜率天), 다섯째 화락천(化樂天), 여섯째 타화자재천(他化自在天)에 이르기까지 올라갈수록 정교하고 수승(殊勝)하며 누리는 복도 더욱 수승하나 모두가 애욕을 여의지 못한 점에서 같기 때문에 이 여섯 하늘을 묶어서 욕계천(欲界天)애라 한다.

다음 범세각일천(梵世各一千)의 범세(梵世)는 색계(色界)를 이르는 말이니, 욕계의 애욕심(愛欲心)에서 벗어나 얼굴이 잘생긴 이들이 가서 태어나는 곳이기 때문에 청정한 세계란 뜻에서 범세(梵世)라 하고, 예쁜 중생들이 사는 곳이란 뜻에서 색계(色界)라 한다.

이 색계에는 열여덟 하늘[十八天]이 네 층, 즉 네 선천[四禪天]에 분포되어 있다. 초선천(初禪天)에 삼천(三天)이 있으니, 범중천(梵衆天) 범보천(梵輔天) 대범천(大梵天)이요, 이선천(二禪天)에 삼천이 있으니, 소광천(少光天) 무량광천(無量光天) 광음천(光音天)이요, 삼선천(三禪天)에 삼천이 있으니, 소정천(少淨天) 무량정천(無量淨天) 변정천(遍淨天)이요. 제사선천(第四禪天)에 구천(九天)이 있으니, 무운천(無雲天) 복생천(福生天) 광과천(廣果天) 무상천(無想天) 무번천(無煩天) 무열천(無熱天) 선견천(善見天) 선현천(善現天) 색구경천(色究竟天)이다.

다음, 각일천(各一千)이라 함은 이상 이야기한 색계의 십팔천 뿐 아니라 욕계육천과 사주세계까지를 각각 일천 개씩 묶은 공간(空間)이란 말씀이요, 다음 명일소천계(名一小千界)는 맺는 말이니, 이를 묶어서 한 소천세계(小千世界)라 한다는 것이다.

다음 차소천천배(此小千千倍) 설명일중천(說名一中千)은 이들 소천세계가 천이면 중천세계(中千世界)가 된다는 뜻이요, 다음 차천배대천(此千倍大千)은 중천세계가 일천이면 대천세계가 된다는 뜻이요, 끝으로 개동일성괴(皆同一成壞)는 모두가 이루어지고 무너지는 범주에 속하기로는 동일하다는 결론이다.

이상으로써 대천세계의 행상(行相)을 소개했거니와 이 대천세계를 삼천대천세계(三千大千世界)라고도 하니, 세 차례에 걸쳐 천 곱씩 곱했기 때문이요, 백억세계(百億世界)라고도 하니, 천을 세 번 제곱하면 백억이 되기 때문이나 이는 산법(算法)의 차이로 현대 수리(數理)에 맞지 않을 수도 있고, 천백억(千百億)이라고도 하니, 천 곱씩 세 번 곱해서 백억이 되었기 때문이요, 백억일월(百億日月)이라고도 하니, 대천세계 안에는 백억 개의 일월이 공존하기 때문이다.

우주 안에는 이러한 대천세계(大千世界)가 미진수(微塵數) 같이 많은데 모두가 중생들의 업에 따라 생겼다가 역시 중생들의 업에 따라 사라진다. 그 이루어지는 기간을 성겁(成劫)이라 하고, 머무는 기간을 주겁(住劫)이라 하고, 무너지는 기간을 괴겁(壞劫)이라하고, 텅 빈 상태로 있는 기간을 공겁(空劫)이라 하는데 그 존속(存續)기간은 모두가 二十 증감겁(增減劫)이라 한다.

겁초(劫初:住劫初)에는 인간들의 복력(福力)이 수승(殊勝)하여 키는 팔장사척(八丈四尺:84尺)이요, 수명은 八萬四千세(歲)였는데 차츰 복스럽지 못한 짓을 많이 해서 정명, 즉 정해진 수명[定命]이 백년마다 한 살씩 줄어 정명(定命)이 십세(十歲)에 이르고, 키는 백년마다 한 치[一寸]씩 줄어 사람의 키가 한 자[一尺]에 이르면 이를 일감겁(一減劫)의 극(極)이라 하니, 그 기간은 팔백사십만 년이다.

여기서 다시 정신을 차려 복스러운 일을 시작하니, 백년마다 정명이 한 살씩 늘고, 키도 한 치씩 늘어 키와 정명이 원상대로 회복되면 그 기간을 일증겁(一增劫)이라 하는데 역시 八百四十萬年이 소요된다. 이 기간을 위의 감겁과 합산하면 一千六百八十萬年이니, 이를 일소겁(一小劫), 또는 일증감겁(一增減劫)이라 한다. 또는 일녹로겁(一轆轤劫)이라고도 하니, 우물의 도르래가 올라왔다 내려갔다 하는 것과 같기 때문이다.

이 주겁(住劫)이 존속되는 동안 도합 스무 번의 증감겁(增減)을 겪는데, 그 소요기간은 三萬三千六百萬年이요, 이를 이십증감겁(二十增減劫), 또는 일중겁(一中劫)이라 한다. 나머지 성겁(成劫)·괴겁(壞劫)·공겁(空劫)에도 각기 三萬三千六百萬年이 소요되니 합산하면 十三萬四千四百萬年이 된다.

이렇듯 복잡한 수치가 얼마만큼이나 과학적인지는 모르겠으나 경론에 말씀하신 성언량(聖言量)이기에 일단 소개해 두었다. 다만 분명한 것은, 눈앞에 보이는 우주가 언젠가는 생겼다가 언젠가는 무너지리라는 사실일 것이다.

여기서 말씀하시는 겁화(劫火)란 겁말(劫末)에 일어나는 불길이란 뜻이다. 겁 말이란 위에서 말한 바와 같이 주겁을 지나 괴겁으로 들어서면 수(水)·화(火)·풍(風) 세 가지 재앙[三災]이 번갈아 일어나서 이십증감 겁을 지나면 세계가 허공이 된다고 하는데 지금의 경우 그중에서 화재를 예로 드신 것이다.

이 세 가지 재앙 중 처음에 물난리[水災]가 연거푸 일곱 차례 지상을 휩쓸고 지나면 한 차례의 불난리[火災]가 와서 지상을 다 태우니, 지금의 겁화(劫火)는 바로 이 화재를 지칭한다. 화재 역시 일곱 번을 지나면 한 차례의 바람 재앙[風災]이 와서 육지와 바다를 휩쓸어 날려 버린다는 것이다.

이렇듯 위력이 대단한 겁말(劫末)의 불길이 육지와 바다는 물론, 위로 아가니타천(阿迦尼吒天=色究竟天)까지를 날려버리는데 네가 유위법(有爲法=生滅法)인 이 작은 몸으로 한 두 번은 모면할 수 있을지 모르나 머지않아 닥쳐올 겁화를 생각하면 얼마나 어리석은가. 그러므로 이 기회에 마음을 내어 무생업(無生業)에 눈길을 돌리라고 권하시는 것이지, 결코 엄포는 아니다. 송경사들은 온 수행력을 다하여 이 점을 영가에게 전달하도록 각별 정진해야 한다.

그러므로 과목 이름을 "헛된 것에는 진실이 없다는 관법" 이라 했다. 이 관법은 우리의 현실이 허망하니 다시 어딘가로 진실을 찾아 떠나자는 말이 아니라 현실이 허망하다고 깨닫는 순간이 바로 허망치 않은 진실을 만나는 첫 순간임을 보라는 것이다. 마치 악몽에 시달리던 이가 악몽을 깨는 순간이 곧 평안함을 되찾는 순간인 것과 같이 말이다. 이상으로써 제4강의 강화를 마친다.

제5강(第五項經)

[科名] 현상을 모아 공으로 돌아가는 관법[會色歸空觀].

[來意] 이 대목은 위 丙1 체득무상관(體得無常觀), 丙2 환화무실관(幻化無實觀)에 이어 丙3 회색귀공관(會色歸空觀), 즉 현상을 모아 공으로 돌아가는 관법이다. 회색귀공관이란 글자 그대로 새기면 눈앞에 보이는 모든 사물[色]을 공(空), 즉 실체가 존재하지 않는 것으로 관(觀)하는 관법이니, 현상을 모두 공으로 보는 공부이다. 그래서 과명(科名)을 "현상을 모아 공으로 돌아가는 관법"이라 했다.

이 관명(觀名)의 출처는 화엄(華嚴)의 4법계관(四法界觀)이다. 네 가지 관법중의 첫 단계로서 모든 유위(有爲)의 색, 즉 물체는 모두가 공한 것이라고 관하는 공부다. 그 이유는 모든 것이 실재하지 않는다는 것을 모르는 이는 사물의 이면에 존재하는 진리를 알아볼 수 없기 때문이다.

지금 여기서 이 관법을 소개하시는 이유도 다른 데 있는 것이 아니라 위 법문에서 수미산과 큰 바다와 대천세계도 다 마멸될 것이어늘 그대가 어떻게 살아남을 수가 있겠느냐고 다그치셨는데, 막무가내로 우기면서 "천지가 무너져도 나는 살아나야겠다." 고 고집하는 상황을 전제로 이 법문을 설하신 것이다.

그래서 현상을 모두 묶어 공으로 돌려보내는 관법이라 했으니, 현상이란 안으로는 내 몸을 이루고 있는 내색(內色)과 나아가서는 밖으로 인축조수(人畜鳥獸)와 산하대지(山河大地)와 공계일월(空界日月)에 이르기까지 외적인 모든 상황[外色]을 말한다. 이 중에 어느 하나도 무상의 흐름을 거스를 수 있는 것은 없다고 말씀하심으로써 영원한 자신은 이 무상의 영역 밖의 어디엔가에서 찾아야 한다는 취지를 암시하셨다.

⑤ [本文] 영가여, 그대의 머리카락[髮] · 터럭[毛] · 손톱[爪] · 치아[齒]와 가죽[皮] · 살[肉] · 힘줄[筋] · 뼈[骨]와 골수[髓] · 골[腦] · 때[垢] · 정색[色]은 모두 흙[地]으로 돌아가고, 침[唾] · 콧물[涕] · 고름[濃] · 피[血]와 진액(津液) · 군침[涎] · 거품[沫] · 가래[痰] · 눈물[淚] · 정기(精氣) · 대변(大便) · 소변(小便)은 모두 물[水]로 돌아가고, 따뜻한 체온(體溫)은 불[火]로 돌아가고, 움직이던 기능(機能)은 바람[風]으로 돌아가서, 사대(四大)가 제각기 흩어지고 난 뒤인 지금 그대의 몸은 어디에 있는가.

[講話] 이 대목의 주된 내용은 이 세상 유위(有爲)의 법인 물체는 어느 하나도 영원한 것이 없어 마침내는 모두가 공(空)으로 돌아간다는 것이다. 이와 같이 모든 현상은 공으로 돌아간다고 가르치셨기 때문에 회색귀공관(會色歸空觀)이라 하고, 그것이 법계실상의 한 단면이기 때문에 법계관(法界觀)이라고도 하고, 모든 것이 궁극적으로는 공일 수 밖에 없기 때문에 무상관(無常觀)이라고도 한다.

경의 논리는 행여라도 이 몸이 영원할 수 없을까하고 기대하는 영가에게 "영가야!" 하고 부르신 뒤에 그대의 몸뚱이는 지수화풍 사대(四大)로 이루어진 것이기 때문에 인연이 다하면 반드시 사대의 근원으로 돌아갈지언정 그대의 곁에서 영원한 동반자가 되어 줄 수는 없는 존재임을 알라고 일깨워 주시는 것이다.

그렇다면 어찌하여 이 시점에서 이 말씀을 하셨을까. 바로 위 항에서 말씀하시기를 '우리가 살고 있는 땅덩어리와 수미산과 사해의 큰 바다도 성주괴공(成住壞空)의 과정을 면할 수 없어, 언젠가 주겁이 끝나 괴겁(壞劫)이 닥쳐오면 물과 불과 바람 등 세 가지 큰 재앙[大三災]이 차례로 닥쳐와서 이 세계를 먼지로 날려버릴 터인데 그대의 몸이 어떻게 남아날 수 있겠느냐.' 고 회유(誨誘)하셨다.

그 말씀에 영가가 다시 생각하기를 '아무리 천지개벽을 한다 해도 나 하나쯤이야 살아남을 수 있지 않을까. 그때까지 만이라도 나와의 이별이 없었으면 좋겠다.' 는 고집을 부린다. 이에 대비하여 이 몸이 분산되는 과정을 자세히 설명하시고, 이어 '이런 소용돌이를 겪게 되는데 그대가 견딜 수 있겠느냐' 고 추궁하셔서 '과연 제 생각이 짧았습니다.' 하도록 다그치신다.

이 대목의 경문을 크게 다섯 토막으로 나눈다.

첫째 "그대의 머리칼[髮]·터럭[毛]·손톱[爪]·치아[齒]·가죽[皮]·살[肉]·힘줄[筋]·뼈[骨]·골수[髓]·골[腦]·때[垢]·정색[色] 등은 모두가 흙[地]으로 돌아가고" 는 이른바 겉의 12물[外十二物]이니, 지대(地大)에 해당한다.

둘째 "침[唾]·콧물[涕]·고름[濃]·피[血]·진액(津液)·군침[涎]·거품[沫]·가래[痰]·눈물[淚]·정기(精氣)·대변(大便)·소변(小便) 등은 모두 물[水]로 돌아가고" 는 이른바 안의 12물[內十二物]이니, 수대(水大)에 해당한다.

셋째 "따뜻하던 체온(體溫)은 불[火]로 돌아가고" 는 화대(火大)에 해당하고 넷째 "움직이던 기능은 바람[風]으로 돌아간다." 함은 풍대(風大)에 해당된다. 이 대목은 이들 四大가 모두 몸을 떠나 우주안의 큰 사대[大四大]로 되돌아갔다는 말씀이다.

다섯째 "사대(四大)가 제각기 흩어지고 난 뒤인 지금 그대의 몸은 어디에 있는가."는 마지막으로 다그쳐 물으신 결징(結徵)이니, 그대라고 할 실체가 어디에도 없지 않느냐고 마지막으로 추궁하셨다.

그런데 지대(地大)에 속하는 겉의 12물은 주로 표면에 있는 것들인데 그중에도 때[垢]는 피부의 표피(表皮)인 것 같고, 정색[色]은 색진(色塵)을 총칭하는 말이다. 수대(水大)에 속하는 안의 12물은 주로 유동성(流動性)인 물체인데 그중에 침[唾]은 일반적인 타액이요, 연(涎)은 남아돌아서 뱉어야 할 상황의 것인 것 같고, 담(痰)은 적담(赤痰)과 백담(白痰)이 있는 것으로 보아 가래임이 분명할 것 같다. 나머지 화대(火大)와 풍대(風大)는 미루어 알 수 있을 것이다.

그런데 일반적으로 색법(色法)을 분류(分類)할 때 내·외·중에 각기 12물(物)이 있어 도합 36물이라 하는데 본경과 『원각경(圓覺經)』만이 내외(內外) 12물만 말하고 있다. 그 이유는 잘 모르겠으나 아마도 문장이 길어지는 것이 싫어서 비슷한 것을 생략한 것이 아닐까 한다. 즉 간(肝)·신(腎)·비(脾)·폐(肺)·담(膽)·위(胃)·장(腸)·적담(赤痰)·백담(白痰)·생장(生腸)·숙장(熟腸)·소장(小腸) 등을 속의 12물[中十二物]이라 하는데 이들을 안의 12물[內十二物]에 얹어서 풀이하신 것이리라 생각된다.

다시 말해 이 관법은 우리의 몸을 이루고 있던 내사대(內四大)가 괴리(乖離)되어 외사대(外四大)로 돌아간다는 사실을 이야기하려는 것이 본뜻이지, 사대의 종류를 설명하려는 것은 아니었다. 그래서 사대의 본고향을 견(堅)·습(濕)·난(煖)·동(動)으로 나누고, 굳은 것은 지대[堅礙爲地]라는 의미를 드러내기에 는 안과 겉의 12물만으로도 족하기 때문에 속의 십이물[中十二物]은 생략하신 것이 아닐까 생각된다.

이 결징구(結徵句)의 대의는 영가로 하여금 이 몸은 취약하고 무상하여 영원성이 없다는 것을 깨닫게 하시려는 것이 목적이다. 이미 천화(遷化)하신 영가는 회광반조(廻光返照)하여 무생(無生)의 도리를 터득하고, 생존한 이들은 몸이 무상하다 하여 만사휴의(萬事休矣)로 체념하지 말고 부지런히 염불 수행하여 무상 속에 진상(眞常)이 있다는 도리를 터득하라는 것이 이 법문의 취지이다. 이상으로써 제5강의 강화를 마친다.

제6강(第六項經)

[科名] 인연법에 얽매이면 생사의 길이다[緣生流轉觀].

[來意] 이 대목은 위 乙1 중생득입(衆生得入)과에서 파생한 丙1 체득무상관(體得無常觀), 丙2 환화무실관(幻化無實觀), 丙3 회색귀공관(會色歸

空觀), 그리고 지금의 丙4 회연입실관(會緣入實觀) 즉 인연법을 모아 진실로 들어가는 관법으로 이어진다.

여기서 다시 본항인 丁1 인연법에 얽매이면 생사의 길이다[緣生流轉觀]와 丁2 인연법을 벗어나면 해탈의 길이다[緣滅歸實觀]로 나뉜다.

위 丙3 회색귀공관은 우리 모두의 근(根)과 진(塵), 모두가 물질인 색법인데 그 색법은 모두가 마침내 공(空)으로 돌아간다고 관하는 관법이었다. 그러나 그 법문을 들은 이가 생각하기를 "그렇다면 무상관(無常觀)을 닦을 필요가 없지 않는가. 모두가 마침내 유전문(流轉門)을 벗어날 수가 없다면 굳이 닦아서 무엇하리요. 오히려 팔짱끼고 우두커니 수수도일(垂手度日)하는 것만 못하지 않는가." 하게 된다.

만일 실제로 그런 일이 생긴다면 진대지(盡大地)로 하여금 아무런 쓸모없는 무공철퇴(無孔鐵槌[5])가 되게 하는 일이니, 이 어찌 부처님께서 걱정하시지 않을 일이겠는가. 그러므로 다시 丙4 인연법을 모아 진실로 들어가는 관법[會緣入實觀]을 설하셨으니, '인연법을 모은다.' 는 것은 인연의 법칙을 모두 분석해서 바르게 안다는 뜻이요, '진실로 들어가다' 는 것은 진실을 찾아낸다는 뜻이다.

눈앞에 보이는 사물은 모두가 인연의 법칙으로 이루어졌다가 역시 인연의 법칙으로 사라진다. 이 끝없는 생멸의 흐름은 모두가 나와 무관하지 않아 나에게 유리할 수도 있고, 불리할 수도 있다. 그러나 이 유리(有利)와 불리(不利)에 연연하여 정념(正念)을 잃으면 그것이 유전문의 문턱이니 조심하라는 것이다.

그러므로 중국의 문장가 소동파(蘇東坡)같은 이도 그의 「전적벽부(前赤

5) 무공철퇴(無孔鐵槌) : 선가에서 쓰는 용어로서 언어나 사유 등 온갖 수단을 동원해도 어찌해볼 수 없는 경계를 뜻함. 여기서는 단순히 쓸모없음을 비유한다. 철퇴를 쓰려면 철퇴에 구멍을 내서 자루를 박아야 하는데, 구멍이 없으면 자루를 박지 못하니 아무짝에도 쓸모없는 물건이 되어버린다는 것이다.

壁賦)」에서 "흘러가는 것이 저토록 많지만 일찍이 간 적이 없고, 해와 달이 저토록 떴다 졌다 하지만 일찍이 뜨고 진 적이 없다[逝者如斯而未嘗往也 盈虛者如彼 而卒莫消長也].." 고 하여 움직이는 현상 속에서 움직이지 않는 실체를 보려고 했었다.

다시 말해 모든 법이 분주하게 생겼다 사라졌다하는 것 같지만 실은 모든 것이 제 자리에서 자기의 체질과 주변의 여건을 인연으로 하여 모습을 달리 했을 뿐 실체가 달라지거나 없어지는 것은 아니라는 것이다. 그러나 우리 같은 범부들, 더구나 갑자기 유(幽)와 명(明)을 달리한 영가로서는 이런 말씀을 받아들이기가 쉽지도 않고, 이해하기도 쉽지 않을 것이다.

그래서 이 법문을 두 꼭지로 나누어 풀이하셨으니, 첫째 丁1은 인연법에 얽매이면 생사의 길[緣生流轉觀]이요, 둘째 丁2는 인연법을 벗어나면 해탈의 길[緣滅歸實觀]이라 했다. 어찌하여 그러한가. 똑같은 불이지만 잘못 쓰면 무서운 불이 되고, 잘 쓰면 고마운 불이 되기 때문이다. 인연의 법칙도 그러하여서 얽매이면 속박의 길이요, 벗어나면 해탈의 길이기 때문에 두 문으로 나누었다. 그 중에 지금은 그 첫째 연생유전관(緣生流轉觀), 즉 인연법에 얽매이면 생사의 길이라는 내용의 법문이시다.

⑥ **[本文] 영가(靈駕)여, 사대(四大)는 헛되고 거짓된 것이어서 아까울 것이 없느니라. 그대는 끝없는 옛적부터 오늘에 이르기까지** 무명(無明) 때문에 행(行)이 생기고, 행 때문에 식(識)이 생기고, 식 때문에 명색(名色)이 생기고, 명색 때문에 6입(六入)이 생기고, 6입 때문에 촉(觸)이 생기고, 촉 때문에 수(受)가 생기고, 수 때문에 애(愛)가 생기고, 애 때문에 취(取)가 생기고, 취 때문에 유(有)가 생기고, 유 때문에 생(生)이 생기고, 생(生) 때문에 노사

우비고뇌(老死憂悲苦惱)가 생겼나니,

[講話] 이 대목은 위 丙4 회연입실관(會緣入實觀) 밑의 丁1 연생유전관(緣生流轉觀), 즉 인연법에 얽매이면 생사의 길이라는 내용을 설명하신 것이다. 여기서 인연법에 얽매인다는 것은 모든 법이 생멸변천하는 원리를 모르고 외형적인 생멸만을 따라서 기뻐하고 서러워하는 어리석음을 이르는 말이니, 그런 어리석음으로 모든 사물을 보면 생사의 소용돌이에서 벗어날 길이 없다. 그러므로 첫째 미혹의 인연법을 따르면 순류문(順流門)이요, 순류문을 따르지 않고 깨달음의 인연법을 따르면 생사의 흐름에서 벗어나는 반류문(返流門)이니, 반류문을 따르는 첫걸음은 순류문을 등지는 것으로부터 시작된다.

본문해설로 들어가기 전에 잠시 12인연설의 화의(化儀), 즉 이 법문의 구조를 살펴본다. 먼저 『화엄경(華嚴經)』 「여래출현품(如來出現品)」에 다음과 같이 제일사자후(第一獅子吼)로부터 시작하셨으니, 제일사자후의 사설(辭說)은 "장하고 기이하도다. 일체중생은 다 같이 본래부터 부처이건만 오직 망상집착 때문에 알지 못하고 있으니, 딱하도다. 내가 이제 방편으로 그들에게 보여 주고 가르쳐 주어 그들 스스로가 본래 부처임을 알게 하리라." 이다.

그러나 이 말씀의 뜻을 알아듣는 이는 없고 모두가 소경이나 귀머거리 같았으므로 다시 녹야원으로 가셔서 교진여(憍陳如) 등 다섯 비구에게 고·집·멸·도 등 4성제(四聖諦)의 법을 설하시니, 이것이 이른바 최초의 설법이다. 여기서 고(苦)란 인생의 현실이 온통 괴로움 투성이란 뜻이요, 집(集)이란 그 고통의 근원은 모두가 자신의 악업이 모여서 이루어진 것이란 뜻이요, 멸(滅)이란 적멸(寂滅)의 약칭으로서 온갖 괴로움이 사라진 열반의 과위(果位)란 뜻이요, 도(道)란 8정도(八正道)의 약칭으로서 적멸을 얻는 길, 즉 수행과정이란 뜻이다.

이 4성제에 미혹[迷]과 깨달음[悟]으로 이루어지는 두 겹의 인과[兩重因果]가 있으니, 고와 집은 미혹의 과와 인이요, 멸과 도는 해탈의 과와 인이다. 그래서 흔히 말하기를 4성제를 미오양중인과(迷悟兩重因果)라 한다. 그런데 그중에서 공히 과(果)를 먼저 거론하고 인(因)을 뒤에 거론하신 이유는 무엇일까. 전하는 말에 의하면 미혹의 인과에서는 괴로움을 두려워하여 발심하기[怖苦發心]를 바라셨고, 깨달음의 인과에서는 과위를 흠모하여 인행(因行) 닦기[慕果修因]를 바라셨기 때문이라는 것이다.

이상으로써 4성제가 선인선과(善因善果), 악인악과(惡因惡果)의 법칙을 설명하신 법문이라는 것은 이해하기에는 족할 것이다.

그러나 이는 선인선과(善因善果), 악인악과(惡因惡果)의 법칙을 설명하신 단식논리일 뿐, 금생에서 내생으로 이어지는 격생(隔生)의 인연법을 설명하기에는 부족하다. 그래서 과거 현재 미래를 연결하면서 선

악인과의 과정을 엮어 나아가는 논리가 필요했는데 그것이 바로 본항의 12인연이다.

12인연에는 순류문(順流門)과 반류문(返流門)이 있다. 순류문은 무명(無明)을 인하여 행(行)이 생기고, 행(行)을 인하여 식(識)이 생겼다는 식으로 생겨 내려가는 논리이니, 미혹의 인과요, 반류문(返流門)은 무명이 사라지면 행이 사라지고, 행이 사라지면 식이 사라진다는 식으로 사라져 내려가는 논리이니, 깨달음의 인과이다.

경전 중에 가장 심오한 것은 『화엄경』이라 하고, 그 중에도 가장 심오한 품(品)은 10지품(十地品)이라 하고, 그 중에도 가장 중요한 부분은 제6지(第六現前地=闕字卷)이라 하는데 가장 중요한 이 지점에서 12인연법을 설하셨다는 것을 보면 이 12인연법이 얼마나 중요한가를 짐작해 알 수 있다.

다음 12인연의 행상(行相)과 삼세(三世)와 양세(兩世)의 미오설(迷悟說)을 설명해야 되겠는데 나의 사부님이신 고 운허노사(耘虛老師)의 『불교사전』 12연기 조의 해설이 곡진하시니, 그것을 인용하여 그 부분의 강화에 대신하려한다.

12인연이란 12연기(緣起), 또는 12유지(有支)·12지(支)·12인생(因生)·12연문(緣門)·12견련(牽連)·12극원(棘園)·12중성(重城)·12형극림(荊棘林)이라 하니, 삼계(三界)에 대한 미(迷)의 인과를 열두 가지로 나눈 것이다.

(1) 무명(無明)은 미(迷)의 근본인 무지(無知)요.

(2) 행(行)은 무지로부터 다음의 의식 작용을 일으키는 동작이요.

(3) 식(識)은 의식 작용이요.

(4) 명색(名色)은 이름만 있고 형상이 없는 마음과 형체가 있는 물질이요.

(5) 6처(六處=六入)는 안(眼)·이(耳)·비(鼻)·설(舌)·신(身)의 5관(官)과 의근(意根)이요.

(6) 촉(觸)은 사물에 접촉하는 기능이요.

(7) 수(受)는 외계(外界)로부터 받아들이는 고(苦)·낙(樂)의 감각이요.

(8) 애(愛)는 고통을 피하고, 즐거움을 구하는 기능이요.

(9) 취(取)는 자기가 요구하는 물건을 취하는 기능이요.

(10) 유(有)는 업(業)의 다른 이름이니, 다음 세상의 결과를 불러오는 힘이요.

(11) 생(生)은 이 몸을 받아 남이요.

(12) 노사(老死)는 늙어서 죽음이다.

또 어떤 때는 연기를 해석할 적에 1찰나에 12연기를 갖춘다는 학설과, 시간적으로 3세에 걸쳐 설명하는 2종이 있다. 뒤의 뜻을 따르면 양중인과(兩重因果)가 있으니, 식(識)으로부터 수(受)까지의 5를 현재의 5과(果)라 하고, 무명·행을 현재의 과보를 받게 한 과거의 2인(因)이라 하니, 이는 과현일중인과(過現一重因果), 즉 과거와 현재로써 하나의 인과관계를 맺는다는 것이다.

다음에 애·취는 과거의 무명과 같은 혹(惑)이요, 유(有)는 과거의 행과 같은 업(業)이니, 이는 현재의 애·취·유 3인(因)으로 미래의 생·노사 2과(二果)를 받게 하는 현미일중인과(現未一重因果), 즉 현재와 미래로써 일중의 인과를 이루는 논리이다. 따라서 이 삼세양중인과설(三世兩重因果說)을 도(圖)로써 표시하면 다음과 같다.

십이지	인과	일중	양중
1. 무명 ……	과거 2인	過現一重	三世兩重因果
2. 행 ………			
3. 식 ………	현재 5과		
4. 명색 ……			
5. 육처 ……			
6. 촉 ………			
7. 수 ………			
8. 애 ………	현재 3인	現未一重	
9. 취 ………			
10. 유………			
11. 생………	미래 2과		
12. 노사……			

이 십이지(十二支)가 양지(兩支)씩 짝지어 연생(緣生)관계를 이루니,

다음과 같다.

첫째 "무명(無明) 때문에 행(行)이 생기고" 라 함은 무명이 발전해서 행이 생긴다는 말씀이다. 무명이란 밝음이 없다, 또는 어리석다[癡]는 뜻이요, 행(行)이란 움직인다는 뜻이니, 마치 물이 고이면 어디론가 흘러가려는 힘이 생기는 것과 같다.

다시 말해 무명이란, 어리석음인데 일단 이 어리석음이 형성되면 올바른 진리를 알지 못하니, 이는 무명의 본체로서 미본(迷本)이라 하고, 일단 미본이 형성되면 어딘가로 향해 달리려는 에너지로 바뀌니, 이를 무명의 생후(生後)라 하니, 무명의 말미인 동시에 행지(行支)의 시초이다. 그러므로 "무명 때문에 행이 생긴다." 했다. 앞으로 십이지가 이와 같이 미본 생후의 관계로 이어진다.

둘째 "행(行) 때문에 식(/識)이 생기고" 는 행지(行支)가 주동이 되어 사방으로 태어날 곳[受生處]을 찾는데 처음에는 막연히 찾아 나섰던 행지의 활동이 차츰 구체화되어 자신의 수행처를 찾을 능력이 갖추어지면 비로소 식지(識支)라 부른다. 그러므로 이르시기를 "행 때문에 식이 생긴다." 하셨다.

다시 말해 무명과 행이라는 과거를 뿌리로 삼아 현재의 첫 자리인 식이 형성되었다는 것이다. 그러므로 본항의 도표에서 무명과 행은 과거의 2인이요, 식·명색·6입·촉·수 등 다섯은 현재의 과라 하셨으니, 지금의 식지는 현재 5위의 첫 자리이다.

셋째 "식 때문에 명색(名色)이 생기고" 는 일단 식이 모태에 자리 잡는 순간 식은 변화하여 정신의 기능인 마음[心]과 육체의 기능인 색(色) 등 두 가지로 나뉘는데 마음은 이름만 있고 실체가 없음으로 명(名)이라 하고, 아직은 이 두 가지가 분리되지 않은 상태이므로 둘을 합쳐서 명색(名色)이라 한다. 따라서 식이 변하여 명색이 되었음으로 "식 때문에 명색이 생겼다." 고 하셨다.

넷째 "명색 때문에 6입(六入)이 생기고" 는 식의 정신적인 부분을 명(名)이라 하고, 물질적인 부분을 색(色)이라 하였는데 이는 마치 약간 흐렸던 물이 차츰 시간이 지나면서 앙금과 맑은 물로 나뉘는 것처럼 명색이 발전하여 6입으로 나뉘니, 안(眼)·이(耳)·비(鼻)·설(舌)·신(身)은 색이 발전한 것이고, 의(意)는 명이 발전한 것이다.

다섯째 "6입 때문에 촉(觸)이 생기고" 는 6입을 바탕으로 하여 색(色)·성(聲)·향(香)·미(味)·촉(觸)·법(法) 등 6진의 경계를 감촉하는 기능의 뿌리가 생겼다는 것이니, 그 이름을 붙인다면 안촉(眼觸)·이촉(耳觸)·비촉(鼻觸)·설촉(舌觸)·신촉(身觸)·의촉(意觸)이다.

여섯째 "촉 때문에 수(受)가 생기고" 는 촉(觸), 즉 촉감(觸感)이 있기 때문에 거기서 다시 고와 낙을 분별하는 수(受)가 생겼다는 말씀이다. 촉은 내면에 간직된 감지기능의 뿌리요, 수는 외면에서 밀려드는 고

(苦)·락(樂)·사(捨) 등 세 가지 대경(對境)을 분류하여 판단하는 감각 기능인데 이러한 기능이 차츰차츰 생긴다는 것이다. 따라서 식에서 여기까지는 현재5과라 하여 금생에 받는 다섯 가지 과위이다.

일곱째 "수 때문에 애(愛)가 생기고"는 수지(受支)가 발전하여 다시 애지(愛支)가 생겼다는 내용이니, 위의 수는 단순히 괴로움·즐거움·괴롭지도 즐겁지도 않음 등을 감지하는 감각의 바탕이었는데 이것이 성장하여 지금의 강력한 애착인 애지로 변한 상태이다.

따라서 이 애착에도 삼수(三受)의 기능이 있어, 삼수의 경계를 좋아하거나 싫어하되 생명을 걸리만치 강력해져서 즐거운 느낌은 오래 보존하기위해서, 괴로운 느낌은 하루속히 벗어나기 위해서, 사수(捨受)의 느낌은 행복한 쪽으로 바꾸기 위해서 강하게 집착한다. 그러므로 이르시기를 "수 때문에 애가 생긴다," 하셨다.

여덟째 "애 때문에 취(取)가 생기고"는 애착이 더욱 발전하여 자기가 원하는 일은 죽어도 버리지 못하겠다는 경지에까지 이르면 취(取), 즉 집착이다. 집착이란 강력한 이기심으로서 자신의 이로움을 위해서는 염정(染淨)을 가리지 않고 한량없는 업을 짓게 하는 주체 세력이다.

아홉째 "취 때문에 유(有)가 생기고"는 업을 짓는 주체 세력을 취라고 했는데 그 취가 일정한 세력을 형성하면 독립된 관습(慣習)이 생기니, 그것이 곧 내생의 씨앗인 유(有)라는 것이다.

유(有)란, 일반적으로 '누군가가' 라는 뜻이지만 여기서는 불특정 인격체를 이르는 말이다. 다시 말해 아직 태어나지는 않았지만 장차 태어날 인격의 바탕을 지칭한다. 그래서 지난날 동국역경원(東國譯經院) 용어심의위원회에서는 이 '유' 를 '존재' 로 풀었으니, 인격체라고도 할 수 없고 물체라고도 할 수 없으나 실체는 없지 않기 때문이라 했다.

따라서 이상의 애(愛)·취(取)·유(有) 등 3지(支)를 묶어서 현재의 삼인[現在三因]이라 하니, 이 세 가지가 인이 되어 다시 내생의 몸을 받아, 한 생애를 살 준비가 되었다는 것이다.

열째 "유 때문에 생(生)이 생기고" 는 위의 유지(有支)가 있기 때문에 그것이 인이 되어 다시 다음 생의 태어남[生]이 있게 되었다는 말씀이니, 곧 내생으로 들어섰다는 뜻이다.

열한째 "생(生) 때문에 노사우비고뇌(老死憂悲苦惱)가 생겼나니" 는 긴 설명이 필요없이, 태어났기 때문에 노사우비고뇌(老死憂悲苦惱) 등 이루 헤아릴 수 없이 많은 고민거리가 뒤따라 생긴다는 것이다. 따라서 이 생과 노사 두 지(支)는 미래의 2과라 한다.

이 대목은 12인연의 앞의 것과 뒤의 것이 이어가면서 상생(相生)의 인과관계를 이룬다는 내용이니, 첫째 무명을 인으로 하면 둘째 행은 과요, 둘째 행을 인으로 하면 셋째 식은 과요. 이렇게 해서 열한 번째 생을 인으로 하면 열두 번째 노사우비고뇌는 과가 된다는 것이다.

이들은 마치 쇠사슬이 이어지듯 한줄기로 이어졌기 때문에 구쇄연환(鉤鎖連環)이라 하고, 유루지(有漏支)가 이어지는 법이기 때문에 유지상속법(有支相續法)이라 하고, 또한 앞의 것과 뒤의 것이 서로 엇바뀌면서 인과관계를 맺고 있기 때문에 역인역인인(亦因亦因因)·역과역과과(亦果亦果果)의 논리라고도 하고, 아무런 저항 없이 순순히 따라가기 때문에 순류문(順流門)이라 하고, 모두가 미혹의 과정이기 때문에 미혹의 인과[迷惑因果]라고도 한다.

원효성사(元曉聖師)께서는 그의 『기신론소(起信論疏)』를 통해 12인연은 모두가 무명(無明)의 놀음이라고 하셨다. 그 말씀에 의하면, 무명에는 기본적인 미혹[本迷]과 거기서 다시 제2의 미혹을 일으키는 생후(生後)의 두 기능이 있어 다음다음으로 이어진다고 하셨다.

예컨대 무명에 의하여 행이 생기는데, 행이 다시 무명의 역할을 해서 다음의 식을 내고, 나아가서는 생(生)이 생기고, 생이 다시 무명의 기능을 발휘하여 뒤의 노사를 내기에 이른다는 것이다. 마치 홈통 열두 개를 준비해 놓고 맨 첫 번째 홈통에다 물을 부으면 그것이 차례차례 이어지면서 마침내 열두 번째 홈통까지 내려가는 것과 같다는 것이다.

혹자는 이 말씀을 듣고 생각하기를 "12인연법이 서로가 전인후과(前因後果)의 관계로 이어진다는 것은 이해하겠지만 최초의 무명은 무엇으로 인(因)을 삼는가." 하게 된다. 다시 말해 '무명의 뿌리는 무엇인가' 라는 물음이다. 그러나 무명의 뿌리는 역시 어리석음일 뿐이다.

그렇다면 그 무명은 언제부터 생겼는가 하게 되는데 무명이 시작한 때는 없다. 그러므로 무명을 일러 무시무명(無始無明)이라 한다. 만일 시초가 있다면 그것은 사실적인 실체가 있는 것이어서 더 이상 허망한 무명이 아니다.

마치 꿈을 꾸고 있는 사람에게 "그대는 언제부터 꿈을 꾸었느냐." 해서 "언제부터 꿈을 꾸기 시작했다." 하더라도 역시 꿈속의 한 장면이요, "모른다." 해도 역시 꿈의 한 장면이기 때문에 정답이 아니다. 오직 꿈을 깬 뒤에 곰곰이 생각한 결과 "내가 언제쯤부터 잠이 들어 꿈을 꾼 것 같다." 한다면 비슷한 답인 것처럼 무명이 언제부터 생겼는가 하는 물음에 대한 답은 무명에서 깨어난 사람만이 답할 수 있는 문제이다.

그래서 의상(義湘)스님의 「법성게(法性偈)」에도 "증득하신 이의 지혜라야 알 수 있는 일이요, 다른 사람이 알 경계가 아니다[證智所知非餘境]." 하셨으니, 실제를 체험해서 깨닫기를 바랄지언정 말로 문답을 계속하는 것으로 깨달으려 해서는 안 된다는 말씀이다. 이상으로써 제6강의 강화를 마친다.

제7강(第七項經)

[科名] 인연법을 벗어나면 해탈의 길이다[緣滅歸實觀].

[來意] 이 대목은 12인연법에 끄달리지 않고 거기서 벗어나면 해탈의 길이라는 내용을 말씀하신다. 바로 위 제6항에서 시작된 丙4 회연입실과(會緣入實科)는 12인연의 법칙을 바로 알면 진실, 즉 깨달음에 든다는 주제를 인연법에 얽매이면 생사의 길이다[丁1-緣生流轉觀]와 인연법을 벗어나면 해탈의 길이다[丁2-緣滅歸實觀]로 나누었는데 지금은 뒤의 해탈의 길을 설명하실 차례이다. 이 두 과(科)는 마치 병과 약, 어두움과 밝음의 관계와 같아서 얼핏 보기에는 매우 상반된 것 같으나 실은 서로가 돕는 관계니 어두움이 없으면 밝음을 설명할 수 없고, 밝음이 없으면 어두움을 입증시킬 수 없는 것과 같기 때문이다. 그러나 기본적인 개념에는 분명 차이가 있기 때문에 앞의 항을 미혹의 문, 또는 순류문(順流門)이라 하고 지금의 항을 깨달음의 문, 또는 반류문(返流門)이라 한다. 반류문의 특징은 첫째 것이 없어지면 둘째 것이 없어지고, 둘째 것이 없어지면 셋째 것이 없어지는 순으로 이어져간다.

⑦ [本文] 무명(無明)이 없어지면 행(行)이 없어지고, 행이 없어지면 식(識)이 없어지고, 식이 없어지면 명색(名色)이 없어지고, 명색이 없어지면 6입(六入)이 없어지고, 6입이 없어지면 촉(觸)이 없어지고, 촉이 없어지면 수(受)가 없어지고, 수가 없어지면 애(愛)가 없어지고, 애가 없어지면 취(取)가 없어지고, 취가 없어지면 유(有)가 없어지고, 유가 없어지면 생(生)이 없어지고, 생이 없어지면 노사우비고뇌(老死憂悲苦惱)가 없어지느니라.

[講話] 이 대목은 12인연의 흐름에 끌려가지 않고, 그 흐름에 거

슬러 무명의 영역을 벗어나면 마침내 해탈을 얻는다는 반류문을 설하신 것이다. 그러나 반류문이라면 상식적으로는 앞의 순류문과 방향을 바꾸어서 12지(支)의 마지막인 노사로부터 시작해서 하나하나 끊어 올라가야 할 것 같은데 순류문의 경우와 같이 무명으로부터 시작해서 12지의 순으로 끊어 내려가니, 그 이유는 무엇인가.

순류문의 강화에서 언급한 바와 같이 열두 개의 홈통을 이용해서 물을 인수(引水)하던 이가 물을 끊고자 할 때에 끝의 것부터 막아 올라오면 물이 위에서 계속 내려오기 때문에 끊어지지 않는다. 그래서 첫째 홈통부터 막아 내려가야 한다는 것이다. 그래서 순류문의 경우와 같이 "무명이 없어지면" 으로부터 시작하여 "생노사가 없어진다." 에 이른다.

첫째 "무명(無明)이 없어지면 행(行)이 없어지고" 는 위에서 든 홈통의 비유로는, 첫째 홈통에서 물을 끊으니 둘째 홈통에도 물이 끊긴다는 말씀이다. 여기서 무명이 없어진다 함은 무명의 실체를 알아 무명의 속박에서 벗어났다는 말씀이니, 마치 잠들지 않은 이에게는 꿈이 없는 것과 같다.

"행(行)이 없어진다." 함은 무명이 없는 것이라고 깨달으면 무명에서 생기는 행 또한 없어진다는 말씀이지만, 실은 행 자체가 생겨나기조차 하지 않는다는 것이다. 왜 그럴까. 형체가 사라지면 그림자도 사라진다[形滅影滅]는 법칙이 있기 때문이다.

이렇게 해서 12지(支)의 하나하나가 마치 쇠사슬이 이어지듯 구쇄연환(鉤鎖連環)해서 '앞의 것이 없어지면 뒤의 것이 없어지는' 인과관계로 이어져나가는 것이 순류문의 논법과 같다. 그렇다면 "이하동문(以下同文)"으로 처리하면 될 것을 왜 이렇게 번거롭게 반복해서 여러 말씀을 하셨을까 하겠지만, 고래로 이런 경우를 '법을 소중히 여기기 때문[尊重法故]'이라고도 하고, '법 자체가 그렇게 생겼기 때문[法如是故]'이라고도 한다.

법을 존중히 여긴다 함은 비슷한 말씀을 늘어놓은 것 같이 보이기 때문에 생략하거나 무엇무엇 등(等)이라고 등취(等取)해도 될 터인데 왜 이렇게 똑같은 말을 반복해서 늘어놓았을까 하여 제멋대로 바꾸거나 빼거나 가벼이 여기지 말라고 하신 말씀이니, 경문 한 글자, 한 구절마다 거룩하신 뜻이 담겨있기 때문이다.

마치 한 채의 집을 지을 때, 어느 시시한 부속 하나라도 없으면 집이 이루어지지 않기 때문에 다 써야하는 것과 같이, 12인연이라는 법문에서 어느 한 법이라도 빠지면 12인연의 법문이 이루어지지 못하기 때문에 12인연의 법을 존중히 여기는 까닭에 지루하더라도 빼지 말고 또박또박 다 독송하라는 것이다.

그렇다면 최초의 무명이 없어졌다 함은 무엇에 근거한 말씀이며,

어떻게 해서 무명이 없어졌다는 것인가. 더구나 십지(十地)에 오른 보살에게도 미세한 근본무명(根本無明)이 남았다고 하는데 대다수의 초종영가(初終靈駕)들은 모두가 우리네 같은 범부로서 평소에 법문 몇 마디 들었거나 아니면 전혀 못 들은 이가 대다수일 터인데 어떻게 최초의 무명이 이렇게도 쉽게 없어졌다는 것인가.

초종영가의 실체는 이른바 중음신(中陰身)이어서 매우 영리하다고 한다. 그래서 당일 송경법사가 독경하면서 마음으로 염(念)하는 경계를 영가도 꿰뚫어보고 즉석에서 깨닫는다는 것이다. 그렇다면 지금의 경우, 영가는 어떤 법문을 들었겠는가. 제1항에서 제6항까지의 법문을 들었다. 그 법문만으로도 무명이 사라지기에는 족하니, 마치 억만 년 묵은 동굴의 어두움도 조그마한 부싯불에 무너지는 것과 같다.

둘째 "행이 없어지면 식(識)이 없어지고" 는 홈통의 비유로는 둘째와 셋째의 인과관계다. 행은 무명의 활동력이요, 식은 행의 활동력에 의해 형성된 새 생명의 주체인데, 그 인위(因位)인 행이 이미 없어졌으니 과위(果位)인 식이 배겨나지 못할 것은 당연한 일이다.

셋째 "식이 없어지면 명색(名色)이 없어지고" 는 홈통의 비유로는 셋째와 넷째의 인과관계다. 식은 이 몸의 주인격인 마음자리[心識]요, 명색은 그 심식이 다시 모태에서 진화하여 정신적 요소인 명(名)과 육체적 요소인 색(色)으로 나뉜 합성체인데 이제 그 인(因)인 식이 이미 없어졌으니, 과(果)인 명색이 살아남을 길이 막혔기 때문에 명색이 없어진다고 하셨다.

넷째 "명색이 없어지면 6입(六入)이 없어지고"는 홈통의 비유로는 넷째와 다섯째의 인과관계다. 명색은 단순히 정신과 육체의 요소들로 이루어진 합성체일 뿐이지만 거기서 다시 발전하여 색의 요소로 이루어진 안・이・비・설・신 등과 명의 요소로 이루어진 의(意) 등 여섯 가지 감관[六入]이 생겼었는데 이제 그 뿌리인 명색이 없어진 상황에서는 자동적으로 6입이 이루어지지 않는 것이 오히려 당연하지 않은가.

다섯째 "6입이 없어지면 촉(觸)이 없어지고"는 홈통의 비유로는 다섯째와 여섯째의 인과관계다. 6입은 위에서 말한 바와 같이 안・이・비・설・신・의 등 6근인데 이제 이 6근이 없어지면 6근에서 생기던 6촉도 따라서 없어진다는 논리이다.

6입이란 6근이요, 6촉이란 6근마다 가지고 있는 감각을 이르는 말이니, 6근의 순서대로 시각(視覺)・청각(聽覺)・후각(嗅覺)・미각(味覺)・촉각(觸覺)・지각(知覺)등이다. 그러나 이 감각기능들은 각기 자근(自根)의 기능에 따라 특성을 가지고 있지만 공히 세 가지 공통점이 있으니, 불쾌한 느낌인 고촉(苦觸)과 상쾌한 촉감인 락촉(樂觸)과 이것도 저것도 아닌 촉감인 사촉(捨觸) 등인데 그 근원인 6입이 없어지면 거기서 생기는 고(苦)・락(樂)・사(捨) 세 가지 촉감도 자동적으로 사라진다는 것이다.

여섯째 "촉(觸)이 없어지면 수(受)가 없어지고" 는 홈통의 비유로는 여섯째와 일곱째의 인과관계다. 촉이란 감각기능이요, 수란 고・락・사 삼수(三受)의 경계를 직접 느끼는 감각인데 이 감각의 뿌리인 촉이 이미 사라졌다면 거기에 의지해서 생기는 고통스런 감각이나 즐거운 감각이나 이것도 저것도 아닌 감각은 당연히 생기지 못한다는 것이다.

일곱째 "수(受)가 없어지면 애(愛)가 없어지고" 는 홈통의 비유로는 일곱째와 여덟째의 인과관계다. 수란 고수(苦受)・낙수(樂受)・사수(捨受)인 삼수(三受)의 기능을 총칭하는 말이니, '좋구나!', '싫구나!', '덤덤하구나!' 하는 감정의 근원이다.

이 수(受)의 기능이 한 단계 발전하면 애지(愛支)가 이루어지니, 애지의 특징은 자신의 구미에 맞는 것은 무조건 좋아하고, 자신의 비위에 거슬리는 것은 무조건 배척한다. 그래서 청평세계(淸平世界)를 애오(愛惡)와 친소(親疎)로 양분하여 싸움이 생기는데, 지금의 경우는 애지(愛支)의 근원인 수지(受支)가 이미 소멸됐기 때문에 당연히 애지까지도 사라진다는 것이다.

여덟째 "애(愛)가 없어지면 취(取)가 없어지고" 는 홈통의 비유로는 여덟째와 아홉째의 인과관계다. 애란 어떤 사물을 치우쳐 좋아하는 애착심인데 이를 간략히 말해서 애라 한다. 취란 애착심이 더욱 증성

(增盛)해져서 자나 깨나 잊지 못하다가 몸을 바꿀 때 내생의 몸을 찾아가는 주체이기도 하다. 그래서 윤회가 끊이지 않는데, 지금의 경우는 취의 뿌리인 애지(愛支)가 이미 사라져서 취지(取支)가 형성될 요인이 사라졌기 때문에 취가 사라진다고 하셨다.

아홉째 "취가 없어지면 유(有)가 없어지고"라 함은 홈통의 비유로는 아홉째와 열째의 인과관계다. 취는 집착심이니, 자기가 태어날 곳을 찾아갈 수 있는 능력이요, 유는 그러한 집착심의 결정체니, 내생의 몸을 받으러 모태로 찾아갈 주체이다. 다시 말해 취는 내생몸의 씨앗이요, 유는 그 씨앗을 모태까지 운반해 줄 하수인이다. 지금의 경우 씨앗 자체가 이미 없어졌는데 그 씨앗을 운반할 하수인이 어디에 필요하겠는가. 그래서 취가 없어지면 유가 없어진다고 하셨다.

열째 "유가 없어지면 생(生)이 없어지고"라 함은 홈통의 비유로는 열째와 열한째의 인과관계에 해당된다. 유란 금생의 업을 가지고 내생의 모태로 운반해 갈 하수인, 또는 일종의 도구였는데 그것이 이미 사라졌으니, 내생에 태어날 연(緣)이 사라졌다는 말씀이다.

열한째 "생이 없어지면 노사우비고뇌(老死憂悲苦惱)가 없어진다." 함은 홈통의 비유로는 열한째와 열두째의 인과관계에 해당된다. 생이란 금생의 업 덩어리를 이끌고 내생의 몸으로 태어난다는 뜻이요, 노사우비고뇌는 일단 태어났으면 필연적으로 겪어야하는 고사(苦事)들이다. 그런데 노사우비고뇌의 뿌리인 생이 이미 사라진 터라 노사우비고뇌가 마치 뿌리 뽑힌 나무처럼 저절로 사라질 것은 당연한 일이다.

이상으로써 이 경의 주제(主題)인 12인연을 순관(順觀)과 역관(逆觀)으로 관찰해서 회색귀공관(會色歸空觀)과 회연입실관(會緣入實觀)을 마침으로써 성문승(聲聞乘)과 연각승(緣覺乘)의 경지를 설명해 마쳤다. 이로써 중생득입과(衆生得入科)의 과정이 끝났다.

중생득입이란 글자 그대로 중생들이 깨달아 들어가는 문이란 뜻인데 주로 순류문(順流門)과 반류문(返流門)의 교상(教相)을 밝히는 데 치중하는 것이 특징이요, 보살득입이란 주로 자취를 남기지 않고 진리로 들어가는[拂跡入理] 게(偈)와 계(戒)를 설하신 것이 그 차이점이다. 그래서 수상문(隨相門)과 현성문(顯性門)의 차이라고 한다. 이상으로써 제7강의 강화를 마친다.

제8강(第八項經)

[科名] 당장에 부처님의 적멸과 같아지다[頓同佛之寂滅].

[來意] 위 甲2 정시수습무상법문(正示修習無常法門)에서 乙1 중생득입(衆生得入)과 乙2 보살득입(菩薩得入)으로 나뉘었는데 이제까지 중생득입의 강화를 마치고, 이 대목부터는 보살득입의 강화로 들어가니, 보살득입이란 보살의 경지에서 불의 경지로 들어가는 과정이다.

보살득입에 적멸(寂滅), 실상(實相), 정계(淨戒), 십호(十號) 등 네 단계가 있는데, 첫째 적멸은 체대(體大)요. 둘째 실상은 상대(相大)요, 셋째 정계와 넷째 십호는 용대(用大)인데 이를 다시 두 문으로 나누니, 첫째 정계는 덕업(德業)이이요, 둘째 십호는 덕용(德用)이다.

體大		寂滅
相大		實相
用大	德業	淨戒
	德用	十號

이들 네 가지를 여래공덕상(如來功德相)이라 하는데 다음과 같이 네 소과(小科)에 배대(配對)한다.

丙1. 돈동불지적멸(頓同佛之寂滅) : 당장에 부처님의 적멸과 같아지다.
丙2. 돈동불지실상(頓同佛之實相) : 당장에 부처님의 실상과 같아지다.
丙3. 돈동불지정계(頓同佛之淨戒) : 당장에 부처님의 정계와 같아지다.
丙4. 돈동불지십호(頓同佛之十號) : 당장에 부처님의 십호와 같아지다.

여기서 丙3과 丙4를 제불의 용대(用大)로 분류하는 이유는 이 두 가지 덕상(德相)이 공히 부처님의 모습이기 때문이다. 개중에도 정계(淨戒)는 내정(內淨)이니, 덕업(德業)이요, 십호(十號)는 외현(外現)이니, 덕용(德用)이다.

본항은 丙1 당장에 부처님의 적멸과 같아지다[頓同佛之寂滅]이니, 부처님의 적멸이란 곧 부처님의 바탕[體]이다. 마치 맑은 거울이 환하게 밝아 만상을 다 비추지만 비춰진 만상에 영향을 받지 않고 맑은 본체는 여여하여 다른 물체를 받아들이기에 아무런 장애가 없는 것과 같다.

부처님의 본체도 그와 같아서 만 가지 변화를 겪더라도 여여부동(如如不動)하시니, 화엄경 야마천궁게찬품(夜摩天宮偈讚品)에서 공덕림(功德林)보살이 찬탄하시기를 "시방세계 어디서나 부처님이 거기에 계신다고 한다." 하셨고, 보현행품(普賢行品)에는 이르시기를 "중생들이 모두가 이르기를 여래께서 자기 앞에 계신다고 한다." 하였으니, 이것이 곧 부처님의 덕상(德相)이며 업용(業用)이시다.

앞의 항까지가 꿈에서 깨어나 모든 몽경(夢境)이 사라진 것과 같은 경지라면, 본항은 12인연의 환화(幻化)에 끄달리지 않는 적멸상(寂滅相)이 본래의 자기라는 것을 보여주시려는 것이다. 본래의 자기이기 때문에 잠시도 자기와 헤어질 수 없지만 어쩌다 무명의 홀림을 받아 잠시 숨었을 뿐이었다는 사실을 알리고 싶으신 것이다. 그러므로 이 항의 과명(科名)을 "당장에 부처님의 적멸과 같아지다."라 했다.

⑧ [本文] 모든 법은 본래부터 항상하고도 적멸한 상[常自寂滅相]이니, 불자가 도를 행하여 마치면 내세에 부처를 이루리라.

[講話] 이 법문은 『묘법연화경(妙法蓮華經)』「방편품(方便品)」 제2에 있는 이른바 법화경제일사구게(法華經第一四句偈)니, 제일사구게(第一四句偈)란 그 경을 대표하는 사구(四句)의 게(偈)란 뜻인데 그 가사는 다음과 같다.

제법종본래(諸法從本來)모든 법은 본래부터

상자적멸상(常自寂滅相)항상하고도 적멸한 상이니,

불자행도이(佛子行道已)불자가 도를 행하여 마치면

내세득작불(來世得作佛)내세에 부처를 이루리라.

사구게(四句偈)란 네 구절로 된 게송이란 뜻인데 사문(四門)이라고도 하니, 첫째는 기구(起句)요. 둘째는 승구(承句)요. 셋째는 전구(轉句)요, 넷째는 결구(結句)이다.

첫째 제법종본래(諸法從本來), "모든 법은 본래부터" 는 눈앞에 전개된 잡다한 현상의 본래의 모습이 무엇인가를 논량(論量=討論)의 주제로 삼겠다는 것이니, 이는 기구(起句)요,

둘째 상자적멸상(常自寂滅相), " 항상하고도 적멸한 상이니" 는 눈앞에 전개된 만상이 겉으로 보기에는 분주하게 생멸변천하고 있으나 실은 항상하고도 적멸한 실상이라 했으니, 이는 주제구의 주장에 일차적인 화답을 내리는 것이므로 승구(承句)요.

셋째 불자행도이(佛子行道已), "불자가 도를 행하여 마치다." 는 눈앞에 전개된 소란스러운 만상이 실제로는 항상 적멸한 상이라 하셨는데 이 말씀에 거슬리지 않고 순응하는 마음으로 불도를 행하였다는 것이다. 이는 행자의 용심이나 행지(行持)에 큰 전환기(轉換期)가 되기 때문에 전구(轉句)요.

넷째 내세득작불(來世得作佛) "내세에 부처를 이루리라." 는 불자로서 불법을 닦은 공덕으로 마침내 불도를 이루리라는 일종의 수기(授記)인 동시에 결구(結句)이다.

위 乙1에서 중생이 수행하여 보살로 들어가는 법을 설하시고, 이

제 바야흐로 보살이 수행하여 부처님의 수기를 받기 위해서는 어떤 수행을 해야 하는가 하는 첫 길목에 이 법문을 제시하신 것이다. 즉 구원실상은 본래부터 존재해왔고 앞으로도 영원히 존재할 것이니, 중생들이 살피기만 하면 언제나 만나 뵐 수 있다는 선언이시다.

그런데 여기서 '불자(佛子)'라 함은 『묘법연화경』「비유품(譬喩品)」에 "오늘에야 비로소 제가 참 불자임을 알았사오니, 부처님의 입에서 나오고, 부처님의 법에서 나와 불법의 참맛을 얻었나이다[今日乃知真是佛子, 從佛口生, 從法化生, 得佛法分]." 하신 것에서 연유하니, 부처님의 말씀에 따라 법대로 살면 부처님의 법을 이어받을 진짜 아들[眞子]이란 뜻이다.

그런데 "도를 행하여 마치다." 함은 무슨 뜻일까. 우리말로 하면 '끝까지 도를 행하여'가 되겠지만 실은 앞뒤의 경의(經義)에 준한다면 도를 행하려는 마음을 내어 처음에도 완벽하고, 중간에도 완벽하고, 나중에도 완벽하기만하면 그런 이는 언젠가는 부처를 이루리라고 수기(授記)를 주시려는 것이다.

끝으로 "내세에 부처를 이루리라."는 결구(結句)는 이렇게 여법히 수행한 이에게는 어떤 결과가 오는가. 반드시 성불하리라고 수기(授記)를 내리셨다. 혹자는 생각하기를 "수기란 원래 부처님께서 제자들이 수행을 잘 해서 어떤 과위(果位)를 얻은 것이 확실하다고 인증하실 때 '장하다, 너는 이러이러한 과위를 얻었느니라.'고 선언하시는 의례(儀禮)인데 지금의 경우, 일정한 대상도 없고, 어떤 수행을 어떻게 했다는 명시(明示)도 없이 막연히 '도를 행하면 내세에 부처를 이루리라' 하신 것은 좀 허황되지 않은가." 할 것이다.

그러나 수기에는 과기(果記)와 도기(道記)가 있다. 일정한 수행과정을 거쳐서 분명한 과위를 얻은 이에게 "그대는 지금 어떠어떠한 과위를 얻었노라." 고 확인해 주시는 것은 과기요, 일정한 수행과정을 제시하시고 이대로 착실히 수행을 하기만하면 언젠가는 반드시 과위를 얻게 될 것이라고 예시(豫示)적으로 내리시는 수기는 도기인데 이 대목의 경우는 도기에 해당된다고 할 수 있다.

이 도기는 중생 모두가 본래부터 지니고 있는 본유불성(本有佛性)을 전제로 하신 말씀이다. 본래부터 있어온 불성이기에 사라질 리는 없지만 그렇다고 영원히 방치해 두거나 설사 수행을 하더라도 여법하지 못하면 성불할 수 없겠지만 지금의 경우 여법하게 수행하면 반드시 성불하리라는 말씀은 지극히 당연하신 말씀이다. 이상으로써 제8강의 강화를 마친다.

제9강(第九項經)

[科名] 당장에 부처님의 실상과 같아지다[頓同佛之實相].

[來意] 이 대목은 위 乙2 보살득입(菩薩得入) 밑의 丙2 돈동불지실상(頓同佛之實相)을 이야기할 차례이다.

부처님의 실상(實相)이란 위 제8강 초에 분류한 바에 따르면 본항은 삼대(三大)에서 상대(相大)에 속하니, 법신(法身) · 보신(報身) · 화신(化身)의 참모습을 지칭한다. 화신부처님은 우리들 범부들이 뵈올 수 있고, 보신불(報身佛)은 지상보살(地上菩薩)이라야 뵈올 수 있고, 법신불(法身佛)은 불불불상견(佛佛不相見), 즉 부처님끼리도 뵙지 못한다.

이 대목에서 생멸(生滅)과 생멸멸이(生滅滅已)와 적멸(寂滅)을 차례차례 열거(列擧)하신 뜻은 화신과 보신과 법신 등 삼신을 제시하신 것인데 이 도리는 오직 보살승(菩薩乘)이라야만 알아볼 수 있기 때문에 이 대목이 보살이 깨달아 들어가는 법의 둘째 속과(屬科)가 된다.

3신을 씨앗과 싹과 열매에 견준다면 씨앗이 곧 싹이요, 싹이 곧 열매요, 열매가 곧 씨앗이어서 불일불이(不一不異)의 관계이듯이 화신이 곧 보신이요, 보신이 곧 법신이요, 법신이 곧 화신이어서 중생들의 생사 그대로가 보살의 만행이요, 보살의 만행 그대로가 제불의 열반이어서 이들 중, 어느 한 문에서 그 지취(旨趣)를 터득하면 나머지 두 문이 동시에 터득되기 때문에 이를 일러 돈동불지실상(頓同佛之實相), 즉 '당장에 부처님의 실상과 같아지다.'라고 한다.

혹자는 생각하기를 '당일 영가가 생전에 쌓은 덕업이 많건 적건, 갑자기 달라진 상황에 많이 당황했을 터인데 어떻게 이 난해한 법문을 해 주어 이해하기를 바라는가. 더구나 오래 닦은 보살들도 감당하기 어려운 돈동불경(頓同佛境), 즉 갑자기 부처님의 경계와 같아지기를 바라니, 너무 과분하지 않은가.' 할 것이다.

이런 의문에 답한 것이 이 대목의 행상(行相)이다. 행상이란, 논리의 구조란 뜻이니, 요인(要因)이 갖추어지면 결과는 저절로 온다는 것이다. 마치 천년 묵은 어두움이 반짝하는 부싯불에 깨지듯이 정인(正因)이 있으면 반드시 정과(正果)가 이루어진다는 것이다. 오직 영가로

하여금 어두움을 등지고 밝음을 향하려는 생각을 내게 할 수만 있다면 결코 불가능한 일만은 아닐 것이다.

그러므로 팔십화엄(八十華嚴) 「입법계품(入法界品)」, 관자권 말미(官字卷末)에는 다음과 같이 부처님의 공덕을 종으로 횡으로 결론지어 찬탄하셨다.

찰진심념가수지(刹塵心念可數知)
대해중수가음진(大海中水可飮盡)
허공가량풍가계(虛空可量風可繫)
무능진설불공덕(無能盡說佛功德)
세계 티끌 같은 마음 세어서 알고
큰 바다 물이라도 마셔 다하고
허공을 측량하고 바람 맨대도
부처님의 공덕은 말로 다 못해. (한글대장경배책번호제47책541쪽상).

여기서 부처님의 공덕(功德)이란 부처님께서 노력하셔서 얻으신 덕상(德相)이란 뜻이니, 공은 공력(功力)의 뜻으로서 다생겁래에 수행하신 공행(功行)이요, 덕은 덕상(德相)으로서 수행을 통해 얻으신 결과이다. 그러므로 그 공덕은 말로써는 표현할 수 없고 오직 우리도 그 어른께서 하신 수행의 길을 따라 공력을 쌓기만 하면 그에 상응하는 덕은 저절로 이루어진다는 교훈이 담긴 말씀이다.

혹자는 생각하기를 '화엄경에서도 부처님의 공덕을 다 말할 수 없다 하셨거늘 이 짧은 공덕경(功德經)에서 부처님의 공덕을 운위(云謂)하는 것이 너무나 과분하지 않은가.' 할 것이다. 그러나 이 항변은 옳지 못하니, 경이 아무리 초라하고 짧더라도 그 경과 연(緣)이 맞는 근기가 있다면 족한 것이지 경문의 길고 짧음이 문제가 되는 것은 아니다.

그래서 간혹 성불이 불가능하다고 판정을 받은 팔난중생(八難衆生)[6]이 '나도 천 부처 중의 하나다!' 라고 외치고 나오는 일이 있어 왔다.

특히 이 경이 초종(初終)한 영가나 우리들 같이 견천(見淺)한 범부는 물론, 나아가서는 머리 없는 무두귀(無頭鬼)들을 대상으로 했다고 하는 통설에 준한다면, 부처님께서 설하셨건 원효스님께서 찬술하셨건, 나아가서는 어느 호사자(好事者)가 위작(僞作)을 했건 그것에 개의치 말고 무조건 소중히 간직하고 가꾸어야 한다. 마치 소중한 보배가 쓰레기더미에 묻혀있건 광녀(狂女)의 손에 있건 그 가치에는 변동이 없기 때문이다.

우리는 무슨 복으로 이렇듯 소중한 대보(大寶)를 손쉽게 만났을까. 그러나 무슨 업장(業障)으로 오가(吾家)에 정법(正法)이 있음을 감하(感賀)할 줄 모르고 도리어 경시(輕視)하는 마음으로 세월을 헛되이 보냈을까. 다 같이 참회하는 마음으로 이 무상계를 독송하여 느슨해진 우리의 마음을 추스르자.

⑨ [本文] 모든 현상(現相)은 덧없어서 모두가 생멸하는 법칙이니, 생멸이 멸해 다하면, 적멸(寂滅) 그대로가 즐거움이 되느니라.

6) 팔난중생(八難衆生) : 깨달음을 얻기 어려운 여덟 가지 부류의 중생. 1지옥. 2 아귀. 3 축생은 고통에 시달리기 때문에, 4 장수천(長壽天 ; 색계·무색계의 수행자)은 수명이 길고 너무나 즐겁기 때문에, 5 변지(邊地 ; 북구로주)는 사주(四洲) 가운데 가장 살기 좋은 곳이기 때문에, 6 맹롱음아(盲聾瘖瘂)는 눈이 멀고 귀먹고 말을 못하기 때문에, 7 세지변총(世智辯聰)은 세속의 지혜는 있어도 그릇된 견해에 빠져 바른 가르침을 구하지 않기 때문에, 8 불전불후(佛前佛後)는 부처님이 태어나시기 전이나 입멸하신 뒤 불법이 없는 기간이기 때문이니, 이들 모두를 일러서 불법을 만나기 어려운 부류라 함.

[講話] 이 대목은 보살득입과(菩薩得入科) 밑의 丙2 당장에 부처님의 실상과 같아지다(頓同佛之實相)를 설명하신 것이니, 본항의 경문은 『열반경(涅槃經)』 제1사구게(第一四句偈)이다. 따라서 그 원문은 다음과 같다.

제행무상(諸行無常)
시생멸법(是生滅法)
생멸멸이(生滅滅已)
적멸위락(寂滅爲樂)
모든 현상은 덧없어서
모두가 생멸하는 법칙이니
생멸이 멸해 다하면
적멸 그대로가 즐거움이 되느니라.

『열반경』은 『법화경』과 함께 전후 8년 동안 설하시다가 열반에 드신 최후의 경전이니, 부처님의 유언집이라고도 할 수 있는 경전이다. 그래서 『열반경』을 칭하여 전부가업(傳付家業)의 경이라 하니, 부처님의 살림을 물려주시는 경이란 뜻으로서 열반은 영원히 즐겁다는 가르침과 계율로 스승을 삼으라고 당부의 말씀을 담아 이른바 부율[扶律]과 담상[談常]을 설하신 내용이다.

다시 말해 부처님의 법신은 오고 감이 없으신데 중생이 미망(迷妄)하여 보지 못할 뿐이니, 그 미망에 떨어지지 않게 하는 법은 오직 계법을 잘 지키는 일이라는 것이다. 계법이라면 삼취정계(三聚淨戒)를 이르는 말씀이니, 바른 법을 굳게 믿고 잃지 않도록 노력하기를 율사(律師)가 계율 한 조목을 지키기 위해 목숨을 바치는 것과 같이 하라는 뜻에서 선법(善法)을 계라고 하신 것이다.

한평생 수도와 전법에 전념하시다가 입멸이 멀지 않으신 어느 날, 제자들은 "부처님께서 열반에 드시면 우리는 누구를 의지하고 살까." 하고 걱정하였다. 부처님께서는 이런 걱정을 하는 제자들을 위로하시고, 나아가 정법이 오래 유지되기를 바라시는 마음에서 이 경을 설하셨으니, 계율을 깨끗이 지니고 수행에 충실하면 여래는 영원히 너희와 함께하리라고 선언하신 내용이다.

이 부율담상의 법을 설하신 경을 『열반경』이라 하고, 그 경에 이 게송이 있으니, 이것이 『열반경』의 제1사구게이다. 이 게송은 동진(東晋) 법현삼장(法顯三藏)이 번역한 『대반열반경(大般涅槃經)』 하권(下卷)과 북량(北涼) 담무참(曇無讖)삼장이 번역한 『대반열반경(大般涅槃經)』 제14권과 송(宋) 혜엄(慧嚴)삼장이 번역한 『대반열반경(大般涅槃經)』 제13권에 수록되어있는데 이 열반경 제1사구게도 전과 같이 주제구(主題句)와 현상구(現狀句)와 전변구(轉變句)와 결구(結句), 또는 기(起) 승(承) 전

(轉) 결(結)의 순으로 보아도 될 것이다.

첫째 "제행무상(諸行無常)" 은 주제구(主題句)니, 그중에도 제행(諸行)은 눈앞에 보이는 유정(有情) · 무정(無情) 등 모든 사물을 통칭하는 말씀으로서 그들 모두가 무상법의 영역에 속하는 것이라는 일종의 주제 선포이다.

둘째 "시생멸법(是生滅法)" 은 현상구(現狀句)니, 목전의 제법이 모두가 무상하다고 했는데 어느 정도로 무상한가하는 물음에 대한 답으로서 모두가 온통 생멸하는 법 투성이라는 것이다. 다시 말해 제행무상의 현주소가 이렇다는 것이다.

셋째 "생멸멸이(生滅滅已)" 는 전변구(轉變句)니, 생멸변천하는 현상을 달관(達觀)했다는 뜻이다. 생멸변천하는 흐름 속에 진상(眞常)이 있음을 알아내는 과정이다. 그러므로 전변구라 한다.

넷째 "적멸위락(寂滅爲樂)" 은 결구(結句)다. 차별된 생멸상을 평정시키고 나니 적멸 그대로가 즐거움이 되는 태평성대가 이루어졌고, 그와 동시에 미(迷)와 오(悟)의 대치에서 깨달음의 승리로 바람직하게 사태가 마무리 되었으므로 결구(結句)라 한다.

다시 말해, 모든 현상은 모두가 생멸변천 한다. 그러나 그 생멸변천을 좇던 마음이 쉬면 더 이상 생멸변천 하는 현상을 좇지 않고 태연히 좌정할 수 있으리니, 그것이 곧 영원한 즐거움[寂滅樂]이다. 그러니 그대들 모두가 이 경지를 향해 정진해서 제제마다 열반의 낙을 찾으라는 권고이시다.

열반락의 진미를 이해하려면 생멸변천 하는 모든 법의 실체를 달관하여 생멸 그대로를 적멸의 낙으로 바꿔내는 공부를 해야 한다. 예컨대 떫은 감을 매만지고 기다려서 홍시를 만들듯이 생멸법을 잘 익히기만 하면 생멸법 그대로가 열반락이 되기 때문에 생멸이 멸해 다하면 적멸이 즐거움으로 바뀐다 하셨고, 이 즐거움이 밖에서 오는 것이 아니기 때문에 열반상락(涅槃常樂)이라고도 한다.

이렇듯 거룩하신 법문을 영가에게 들려주시는 까닭은 영가로 하여금 이 법문을 잘 듣고 허환(虛幻)한 이 세상사에 연연하지 말고 이고득락(離苦得樂)하라는 것이다. 그런데 법사가 경의 뜻을 모르고 독송하거나 뜻은 알더라도 잡념을 가지고 독송하면 영가의 귀와 눈에는 법사가 생각하는 경계만 보이고 들린다는 것이다.

그러니 아무런 공덕도 되지 않음은 물론 영가의 업화(業火)만 더 부채질해주는 꼴이 되니, 명심해야 할 일이다. 그러므로 고인(古人)들은 독경을 해 달라는 부탁[誦經請狀]을 받으면 출입을 끊고 재계(齋戒)했고, 안목 있는 단가(檀家)에서는 송경법사를 초빙할 때 성과 열을 다해 여불(如佛)대접으로 공경했다. 이상으로써 제9강의 강화를 마친다.

제10강(第十項經)

[科名]당장에 부처님의 정계와 같아지다[頓同佛之淨戒].

[來意] 이 대목은 보살득입(菩薩得入)과의 丙3 돈동불지정계(頓同佛之淨戒)이다. 丙1에서 부처님의 적멸하신 본체를 알고, 丙2에서 부처님의 실상을 보고, 지금의 丙3에서는 부처님의 뿌리인 정계(淨戒)에 귀의하니, 계는 곧 삼세제불의 바탕이기 때문에 부처님의 뿌리와 하나가 되기를 바라는 공부이다.

다시 말해 위 두 항에서 보여주신 부처님의 적멸과 실상은 어디서 생기는가 하는 의문을 갖는 이에게 정계를 인해서 생겼다는 뜻과, 우리도 그렇게 거룩하신 공덕장(功德藏)을 이루려면 어찌해야 하는가 하는 의문을 갖는 이에게 역시 정계가 그 근본임을 보여주시려는 것이다.

계(戒)에는 통계(通戒)와 별계(別戒)가 있다. 통계란 과거 여러 부처님들께서 공통[共通]으로 사용하신 계라는 뜻이니, 삼귀의계(三歸依戒)·사홍서원(四弘誓願)·제불통계(諸佛通戒) 등이 그것이요, 별계란 부처님마다 그때그때의 상황에 맞추어 제정하신 계라는 뜻이니, 재가5계(在家五戒)·사미십계(沙彌十戒)·비구계(比丘戒)·보살계(菩薩戒) 등이 여기에 해당된다.

또 계의 내용을 기준하여 분류하면 실천을 중요시하는 섭율의계(攝律儀戒)와 착한 법 행하기를 중요시하는 섭선법계(攝善法戒)와 중생구제를 중요시하는 섭중생계(攝衆生戒)가 있으니 이를 묶어서 삼취정계(三聚淨戒)라 한다.

이들은 모두가 불제자들의 신심이 퇴타(退墮)하지 않고, 나아가서는 불법이 오래오래 세간에 남아있기를 바라시는 염원[令法久住願]에서 제정하신 것이지만 개중에도 통계는 섭선법계와 섭중생계의 성향이

짙고, 별계는 섭율의계의 성향이 짙다.

우리 석가모니 부처님께서는 성도 후 12년 동안은 제불통계를 준용하셨고 12년 후부터는 별계를 제정하셨으니, 표면적인 형식인 적문(迹門)으로 본다면 육군비구(六群比丘)들이 사건을 벌이면 그때그때 계를 제정해 나아가셨으니, 이런 제도를 인사제계(因事制戒), 즉 사건이 생길적마다 제정하신 계라고 한다.

제불통계란 여러 부처님들이 대를 이어가며 준용하시던 계란 뜻이다., 비구들로 하여금 아침마다 오른 손으로 자기의 머리와 옷깃을 쓰다듬으면서 입으로는 "수구섭의신막범(守口攝意身莫犯) 여시행자능득도(如是行者能得道)" 라는 게송을 외우게 하셨으니, 가사(歌詞)의 내용은 "입을 조심하고, 뜻을 단속하고, 몸으로도 범하지 말라. 이렇게 수행하는 이는 도를 얻으리라." 이다.

그렇다면 별계가 생긴 이유는 무엇일까. 차츰 근기가 하열해지면서 사건과 사고가 잦아지니, 그때그때 상황에 따라 계를 제정하셨기 때문에 이를 별계라 하셨는데 그 대표적인 것이 5계, 10계, 비구계(비구니계) 등으로서 근기가 차츰 강강난화(强剛難化)해지기 때문이었다고 한다.

이들 별계에는 몇 가지 특징이 있으니, 첫째 율사(律師)라야 계를 설할 수 있고, 둘째 계를 받은 이가 일단 그 계를 범하면 자격이 상실되고, 셋째 인취(人趣=인간)라야 받을 수 있고, 넷째 인간 중에서도 자격심사에 해당되는 갈마(羯磨)[7]에 통과하여야 계를 받을 수 있다는 점 등이다.

반면 통계는 이런 제한들이 전혀 없는 것이 특징이다. 특히 통계 중 삼귀의계에는 삿됨을 등지게 하는 기능[飜邪]과 믿음을 내게 하는 기

7) 갈마(羯磨) : 범어 karman의 음사로, 잘못을 저지른 비구에게 일정 기간 참회나 징벌 또는 덕이 높은 비구의 지도를 받게 하는 처분. 제시된 안건에 대해 의결하거나 해당 비구의 자격을 묻는 의식(儀式).

능[生信]이 있어, 이 지점에서 삼귀의계를 설해 주심으로써 퇴타심, 죄책감, 좌절감 등에 시달리는 영가들로 하여금 용기를 내어 발심할 계기를 만들어주시려는 것이다.

그러므로 송(宋)의 대혜보각선사(大慧普覺禪師)께서 말씀하시기를 "먼저 지혜로써 움직이고, 나중에 자비로써 건진다[先以智動 後以悲拔]." 하셨으니, 먼저 지혜로써 움직인다 함은 수준 높은 이론으로 상대방의 마음을 움직여 발심케 한다는 뜻이요, 다음 자비로 건진다 함은 무상계의 계법(戒法)을 일러주어 스스로가 힘을 얻어 나쁜 길[惡趣]에서 벗어나도록 도와준다는 뜻이다.

아! 우리 같은 박복중생들이 무슨 복으로 이 좋은 법을 만났으며, 무슨 행운으로 영가들에게 삼귀의계를 일러 줄 수 있는 계사의 자격을 받았을까. 만천하의 무상계법사들이여, 경상(經床) 앞에 앉는 순간 나도 이 순간만은 당당한 전계사(傳戒師)라는 자긍심(自矜心)으로 모든 사념(邪念)을 물리치고 정성껏 송문관의(誦文觀義)하여 나와 영가 모두가 불법 안에서 무량공덕을 받아 누리자.

⑩ **[本文] 부처님께 귀의하는 계법(歸依佛陀戒)을 지니고, 법보님께 귀의하는 계법(歸依達磨戒)을 지니고, 승보님께 귀의하는 계법(歸依僧伽戒)을 지니라.**

[講話] 이 대목은 삼귀의계를 일러 주시는 내용이다. 귀의는 귀입(歸入), 또는 귀투(歸投)라고도 하는데 항복하는 장수가 무조건 자기의 생명을 상대방에게 맡기고 그 처분에 따르겠다고 다짐하는 의미의 낱말이다. 이는 나무(南無), 또는 지심귀명례(至心歸命禮)와도 같은 내용으로서 '그간의 내 주장은 다 버리고 오직 삼보께 의탁해서 새사람

이 되기를 바라오니 거두어 주옵소서.' 하는 발원이다. 본항의 경문을 불법승 삼보의 순으로 나누어 풀이한다.

첫째 "부처님께 귀의하는 계법[歸依佛陀戒]을 지니고"는 불보(佛寶)께 귀의하는 예문(禮文)이니, 부처님께 이 목숨 다할 때까지 의지하고 따르겠습니다.' 하는 다짐이다.

부처님, 즉 불타(佛陀)는 범어(梵語) Buddha의 음역(音譯)이니, 번역하면 깨달으신 분[覺者]이란 뜻이다. 자신이 깨달으신 내용인 자각(自覺)과 남을 깨우쳐주시는 기능인 각타(覺他)가 원만하신 어른이시라는 호칭이다.

또 부처님은 진리의 법 그대로 오신 분이란 뜻에서 법신(法身)이라 하고, 무량한 서원과 실천의 결과로 이루어지신 분이란 뜻에서 보신(報身)이라 하고, 무량한 중생들에게 맞는 모습으로 시현(示現)하시는 분이란 뜻에서 화신(化身)이라 하니, 이 법신 보신 화신을 묶어 3신(身)이라 한다.

이 밖에도 부처님의 공덕을 열 가지로 나누어 기리는 여래십호(如來十號)가 있으니, 이른바 여래(如來)·응공(應供)·정변지(正遍知) 등인데 이 설명은 뒤의 제11항으로 미루고, 우리가 현장에서 삼귀의례(三歸依禮)를 모실 때, 귀의불양족존(歸依佛兩足尊). 귀의법이욕존(歸依法離欲尊) 귀의승중중존(歸依僧衆中尊)이라 하는데 양족존(兩足尊) 등 후속사(後屬辭)의 뜻을 살펴본다.

흔히 말하기를 부처님은 복과 지혜 두 가지가 두루 구족하시기 때문에 양족존이라 한다고 하는데 이는 양족(兩足)을 한문으로 보면 그 '두 발' 이므로 그렇게 볼 수도 있겠지만 이 양족존에 해당하는 범어는 분명 두 발의 뜻으로 되었다는 것이다.

중생들의 등급을 논할 때 양족(兩足)으로부터 시작하여 사족(四足), 팔족(八足), 내지 다족(多足)에 이르기까지 골고루 있는데, 발이 적을수록 존귀하고, 발이 많을수록 비천하다는 것이다.

양족중생 중에도 여러 종류가 있는데 인간과 하늘무리가 가장 존귀하고, 인간과 하늘무리에서 부처님이 가장 존귀하시기 때문에 귀의불양족존이라 하고, 인간과 하늘무리의 스승이시기 때문에 인천사(人天師)라고도 한다.

둘째 "법보님께 귀의하는 계법[歸依達磨戒]을 지니고" 는 법보(法寶)께 귀의하는 예문이니, 곧 '법보님께 이 목숨 다할 때까지 의지하고 따르겠습니다.' 하는 다짐이다.

달마(達磨)는 범어 Dharma의 음역이니, 번역하면 법보(法寶)이다. 법보의 내용은 부처님께서 직접 설하신 교리부분을 경장(經藏)이라 하고, 부처님께서 교단의 기강을 세우기 위해 설하신 계율부분을 율장(律藏)이라 하고, 제자님들과 진리를 담론하신 부분을 논장(論藏)이라

하고, 이를 묶어서 3장(三藏)이라 하는데, 이 세 가지가 모두 법보에 속한다.

법보에 귀의할 때엔 "귀의법이욕존(歸依法離欲尊)" 이라 하는데 이욕존이란 욕심을 여의게 하는 가르침에서 가장 존귀하다는 뜻이다. 세상에는 온갖 가르침이 많으나 사람들로 하여금 욕심을 여의게 하는 가르침이 가장 존귀하고, 그중에도 부처님의 가르침이 가장 존귀하시기 때문에 이르는 말씀이다.

그 이유는 불교의 궁극적인 목적이 무아(無我)이기 때문이니, 세상 사람들은 다른 것은 다 버려도 목숨에 대한 욕심만은 버리지 못하는데 부처님께서는 일체중생을 위해서라면 내 목숨에 대한 애착도 버리라고 하셨기 때문에 이욕존(離欲尊), 즉 욕심을 버리게 하는 교법 중의 으뜸이라는 것이다.

이에 혹자는 생각하기를 법보는 진리의 당체일 뿐, 인격체(人格體)가 아닌데 "법보님" 이라 해서 인격체로 예우하는 것은 과공(過恭)이 아닌가 할 것이다. 그러나 듣지 못했는가. 물극즉성(物極則聖)이라 했으니, 평범한 사물도 그 믿음이 극치에 이르면 성자로 대한다 했기 때문이다.

법을 존중히 여기는 마음이 극치에 이르면 법 자체를 성스럽게 여기게 되고, 성스럽게 여기게 되면 '님' 자를 붙여 존경하는 것이 과히 낯선 일이 아니지 않는가. 존경스러움이 불보나 승보와 똑같기 때문에 "법보님" 이라고 해도 망발이 아니다.

셋째 "승보님께 귀의하는 계법[歸依僧伽戒]을 지니라." 는 승보(僧寶)에게 귀의하는 예문이니, 곧 '승보님께 이 목숨 다할 때까지 의지하고 따르겠습니다.' 하는 다짐이다.

승가(僧伽)는 범어 Samgha의 음역이니, 승보이다. 승가란 무리[衆]란 뜻으로서 부처님의 제자 전체를 일컫는 말이지만 여기서는 출가제자 집단만을 이르는 말이다. 승가에는 육도만행(六度萬行)을 골고루 닦아 중생과 더불어 성불하기를 원하는 보살승(菩薩乘)과 12인연의 법을 관하여 멸진정(滅盡定)[8]을 얻어 삼계를 벗어나려는 연각승(緣覺乘)과 부처님의 교설을 직접 듣고 삼계의 견혹(見惑)[9]과 수혹(修惑)[10]을 끊고 차례로 수다원(須陀洹)·사다함(斯陀含)·아나함(阿那含)·아라한(阿羅漢) 등의 과위를 이루려는 성문승(聲聞乘)이 있는데 이들을 묶어서 삼승(三乘)이라 한다.

우리가 삼귀의례를 봉행할 때 승보에 대해서는 "귀의승(歸依僧) 중중

---

8) 멸진정(滅盡定) : 느낌[受]이나 생각[想] 등 모든 마음 작용이 소멸된 선정이라는 뜻에서 멸수상정(滅受想定)이라고도 함.

9) 견혹(見惑) : 견도(見道)에서 끊는 번뇌라는 뜻. 4성제를 바로 알지 못해서 일으키는 번뇌로서, 유신견(有身見)·변집견(邊執見)·사견(邪見)·견취견(見取見)·계금취견(戒禁取見)·탐(貪)·진(瞋)·치(癡)·만(慢)·의(疑)가 있음.

10) 수혹(修惑) : 견도의 번뇌를 끊은 뒤 수도(修道)에서 끊는 번뇌. 대상에 집착함으로써 일어나는 탐·진·치·만 등의 번뇌.

존(衆中尊)"이라 하는데 중중존이란 무슨 뜻인가. 무리 가운데 가장 존귀한 무리라는 뜻이다. 세상에는 여러 가지 무리가 있으니, 이익을 추구하는 집단, 남을 도우려는 집단, 자연을 즐기려는 집단 심지어는 어느 누구를 혼내주려는 집단 등이다. 그런 중에 승가는 모든 욕망을 버리고 자기자신은 물론 모든 이들과 함께 삼계윤회를 벗어나려고 노력하는 집단이기 때문에 무리 가운데 가장 존귀한 무리라는 것이다.

이상으로써 삼보에 귀의하는 법문은 대충 이해가 되었지만 불보·법보·승보에 귀의하는 것을 계법이라 하신 뜻이 무엇일까. 한마디로 말해 삼보에 귀의하는 마음을 마치 율사가 잠시도 계를 어기지 않으려는 것처럼 이 삼귀의계를 잠시도 놓지 말라는 것이다.

그 취지는 삼취정계(三聚淨戒)의 사상에 잘 나타나 있다. 삼취정계란 위에서도 잠시 언급했지만 계율을 잘 지키라는 섭율의계(攝律儀戒)와 착한 일을 골고루 많이 하라는 섭선법계(攝善法戒)와 중생들을 골고루 거두어 주라는 섭중생계(攝衆生戒)인데, 이 세 가지에서 어느 하나에만 치우치지 말고 겸해서 닦아야 한다는 것이다.

또 삼보에도 세 종류가 있어서 수행자들의 신심을 증진시키셨으니, 동체삼보(同體三寶)와 별상삼보(別相三寶)와 주지삼보(住持三寶)이다.

첫째 동체삼보란 하나의 마음바탕에서 삼보를 나눈 것이니, 이 마음의 청정함은 불보[心淸淨是佛]요, 이 마음의 빛남은 법보[心光明是法寶]

요, 이 청정함과 빛남이 서로 어울려 걸림 없이 조화로움은 승보[淨光無礙是僧寶]이다.

둘째 별상삼보(別相三寶)란 삼보를 여러 가지 형태로 분류하는 방법이니, 법신(法身)·보신(報身)·화신(化身)은 불보요, 교(敎)·리(理)·행(行)·과(果)는 법보요, 보살·연각·성문은 승보이다. 일설에는 법신·보신·화신은 불보요, 경장·율장·논장은 법보요, 보살·연각·성문은 승보라 하나, 삼보마다에 여러 가지로 나누는 것이 별상삼보의 특징이다. 따라서 무속에서 말하는 별상마마의 어원이 이 별상삼보일 것으로 생각한다.

셋째 주지삼보란 현실적으로 불법을 유지해 나가기 위해 시설한 가시적인 삼보란 뜻이니, 진흙으로 빚거나[泥塑]나무로 조각하거나[木雕] 채색으로 그린 불화(佛畵) 등은 불보(佛寶)요, 노란 바탕에 붉은 축[黃卷赤軸]으로 포장한 경(經)·율(律)·논(論) 등의 전적(典籍)은 법보(法寶)요, 장삼[方袍]을 입고 머리를 깎은[圓頂] 스님들은 승보(僧寶)이다.

이 삼종삼보의 논리는 어떠한 근기에게도 맞도록 시설하신 훌륭한 교설(敎說)이니, 어느 누구라도 귀의할 마음을 내기만 하면 즉시에 자기 근기에 맞는 삼보가 눈앞에 시현하신다는 것이다. 그러므로 사람들이 누구나 묵은 고취(苦趣)에서 벗어나 피안에 이르고자하면 반드시 삼보에 의지해야 한다.

특히 참담한 과정을 거쳐 여기까지 온 영가에게 다시 삼귀의계를 일러 주는 까닭은 무엇일까. 이미 계를 받고 법문도 들었을지라도 생사의 갈림길에서 잊었거나 전혀 이 법문을 듣지 못한 이들이라도 이 말씀을 듣고 한 생각 돌려 "과연 옳으신 말씀이구나." 할 때에 계체(戒體)가 형성되어 해탈하기를 바라시는 염원에서이다.

계체(戒體)란 삼귀의계를 지님으로써 내면에 생기는 무형의 힘[法力]인데 그 힘이 형성되면 그날부터 자신은 지난날의 자신이로되 상상을 초월하는 힘이 생기니, 이 상상을 초월하는 힘을 무표색(無表色)이라 하고, 무표색이 형성되면 스스로 극락세계를 찾아갈 힘이 생긴다는 것이다. 그러므로 송경법사나 가족들이 마음을 모아 영가가 잡념을 버리고 삼보에 의지하라고 염하면서 이 계문을 독송해야 한다.

나는 이쯤에서 요즘 저승에 갔다가 자기의 힘으로 싸워서 살아 돌아온 분의 일화 하나를 소개하여, 계체의 실체와 그 중요성을 설명하려 한다.

때는 지금으로부터 약 3~4년 전이다. 의정부 지역에는 한때 출중한 거사들이 많았는데 개중에 지씨(池氏=현존)라는 이가 있었다. 그는 매사에 적극적이어서 자기사업은 물론 포교활동에도 항상 앞장섰는데 수년 전부터 가세가 기울기 시작하더니 마침내 부도를 맞고, 한겨울에 길바닥으로 쫓겨나는 수모를 당했다.

이 과정에서 부인이 졸도하여 병원으로 실려 갔고, 끝내 영안실로 옮기라는 진단을 받는다. 그러나 좀 더 두고 보자는 가족들, 주로 자녀들의 주장에 병원 측이 양보하여 좀 더 기다리게 되었다. 그런지 얼마 뒤에 시신(屍身)의 입가에 엷은 미동이 일더니 마침내 깨어나기 시작했고, 정성어린 간호 덕분에 얼마 뒤엔 완전히 깨어나서 그간의 일을 다음과 같이 털어놓더라는 것이다.

키가 장대하고 건장한 검은 옷차림의 젊은 여자 셋이 몰려와서 자신을 끌어다가 어느 어두운 지하실 구석에다 가둬놓고는 그 셋이 부채꼴로 막아서서 꼼짝도 못하게 하더라는 것이다. 그들에게 좀 살려달라고 애원도 했으나 소용이 없자 평소처럼 부처님도 찾고 관세음보살님도 찾으며 정근을 했더니, 얼마 뒤에 자기가 다니면서 절을 하던 이웃 절 스님이 평소처럼 허름한 작업복차림으로 지나가더라는 것이다.

평소에는 별로 대화가 없던 사이였지만 너무나 다급하고 반가워서 "스님, 나 좀 살려 주세요." 했더니, 훌쩍 돌아보고는 손에 들고 있던 손도끼 한 자루를 슬쩍 던져주고 가더라는 것이다. 그것을 받아들고 처음에는 좀 망설였으나 나중에는 생각하기를 "저것들을 죽여야 내가 산다." 하고는 그들의 곁으로 다가가서 세 여자를 차례차례 때려눕혔다는 것이다.

너무 좋아서 "나는 살았다." 고 외치니, 가족들이 자기를 둘러싸고 있는 것이 보이는데 누구는 "엄마가 살아났다." 하고, 누구는 "입가에 경련이 인다." 하고, 누구는 "이렇게 살아나시는데 의사의 말을 들었더라면 큰일 날 뻔했다." 며 의사에게로 달려가더라는 것이다. 얼마쯤 조리를 하여 완쾌한 뒤에 유족들을 불러놓고 그간 자신이 본대로 들은 대로 이야기했는데 사실과 시간대와 상황이 모두 비슷하게 맞더라는 것이니, 이야말로 현대판 명도전(冥道傳)이 아니고 무엇이랴.

그러나 내가 하고자 하는 말은 이것이 아니라 그 불자의 신근(信根)이다. 그 불자는 아직 불명(佛名)이 없다. 그가 처음 이 가문으로 시집왔을 때 시모께서 처음 맞는 며느리를 절로 데리고 갔는데 그날이 바로 계를 받는 날이었다는 것이다. 시어머니께서 "너도 온 김에 계를 받으려무나." 하시고는 계첩(戒牒)을 받아 주시는데 별 관심도 없이 받아놓고 여쭙기를 "가까운 거리에 있는 절 하나를 정해놓고 매일 아침마다 다니면서 절을 하면 좋겠으니, 허락해 주십시오." 하자 시모가 승낙을 하더라는 것이다.

그렇게 해서 하루도 빠지지 않고 한평생 다니며 절을 했는데, 나중에 알고 보니 너무나 시시한 절이더라는 것이다. 그러나 부처님이야 어찌 다르시겠느냐는 생각에 칠십이 가깝도록 거르지 않고 절을 하다가 이번에 큰 도움을 받았다는 것이다.

이 한 토막의 일화에서 우리가 분명히 알아야 할 것은 부처님께서

도움을 주신다는 것은 부처님께 도움을 청할 수 있는 힘이 있어야 한다는 사실이니, 이 설화의 주인공이 급할 때에 도움을 청할 수 있었던 것이 한 평생 말없이 자기의 정진으로 가꾸어낸 것이기 때문이다. 이것이 바로 계체이며, 무표색이며, 부처님의 법대로 실행해서 얻어진 공덕이기 때문에 부처님의 가피력(加被力)이라 한다.

그러므로 법화경 보문품에는 관세음보살께서 중생들의 딱한 사정을 다 들어 주시겠다는 약속으로서 임위급난중(臨危急難中) 칭명실해탈(稱名悉解脫), 즉 '아무리 급하고 위태로운 상황을 맞았더라도 나의 명호를 부르면 모두 해탈을 얻으리라.' 하셨다.

불교의 모든 의식을 예참(禮懺)이라 하니, 부처님께 예경(禮敬)을 올려 지난날의 잘못된 언동을 참회해서 죄가 소멸되고 복이 오게 하는 수행이다. 아무리 급하더라도 정신을 잃지 않고 바르게 준비하고, 바르게 대응하면 복이 온다는 것이 불교의 감응(感應)이요, 구복(求福)이요, 구원(救援)이다.

이 참회와 구복의 첫걸음은 목욕재계(沐浴齋戒)니, 목욕은 몸의 때를 씻어낸다는 뜻이요, 재계란 음식을 법답게 먹고 몸가짐을 바르게 한다는 뜻이다. 잘못된 몸가짐은 음식을 먹을 때 가장 많이 발동되므로 음식 먹을 때에 조심하라는 뜻에서 재계(齋戒)라 했으니, 음식을 들 때에 탐욕·진애·우치가 가장 왕성하게 발동하기 때문이다.

그러므로 불교를 믿는다는 것은 청정함을 지키고 부정함을 거부하는 일이요, 불교를 믿는 이가 노력해야 할 일은 자기 내면의 계체(戒體)를 육성하는 일이요, 불교를 믿어 얻어지는 이득이 있다면 자기 자신을 통제할 수 있는 힘이 생겨, 아무리 급해도 똑바른 생각을 잊지 않을 수 있는 것이니, 이렇게 되기만 하면 불보살님의 가피가 내려지실 것은 당연한 것이다. 이상으로써 제10강의 강화를 마친다.

제11강(第十一項經)

[科名] 당장에 부처님의 십호와 같아지다[頓同佛之十號].

[來意] 乙2 보살득입(菩薩得入) 밑의 네 과목 중 丙3 돈동불지정계(頓同佛之淨戒)가 끝나고, 이제는 丙4 돈동불지십호(頓同佛之十號)를 이야기할 차례이다. 다시 말해 이미 삼귀의계를 지녀 계체가 이루어졌으니, 다음은 부처님의 열 가지 명호를 받아들여 그 명호에 담긴 의미를 되새기고, 그 명호에 상응하는 인격체를 이루라는 것이다.

그렇다면 '부처님' 이라 할 때에 이미 "깨달으신 분" 이란 것을 알았으면 되었지 무엇 때문에 열 가지 명호씩이나 들먹여서 송지(誦持)하기만 힘들게 하는가 한다. 그러나 단순한 사물 같으면 이름 하나로 족하겠지만 부처님의 경우는 그 공덕과 능력이 무량하셔서 이름 하나로는 도저히 그 의미를 담아낼 수가 없다.

그래서 옛날에는 만불명호(萬佛名號)를 모셨었는데 중생들이 너무 부담스러워 해서 천불명호(千佛名號)로 줄였고, 그것을 다시 부담스러워 해서 백불명호(百佛名號)로 줄였고, 그것을 다시 부담스러워 해서 다시 십불명호(十佛名號)로 줄였기에 더 이상 줄여서는 안 되는 상황에 이르렀다.
이제 영가에게 여래의 십호를 일러 줌으로써 열 가지 공덕의 부처님을 만나뵈올 수 있게 되었다. 그 거룩하신 십호 하나하나의 의미를 마음에 새겨 나의 몸과 말과 뜻으로써 그에게 가까워지려고 노력한다면 당연히 노력한 것만큼의 가피력이 생길 것이다. 그 결과, 어디를 버리고 어디를 취해야 할 것인가를 알아서 해탈의 길목을 찾아갈 수 있게 되기 때문에 여기에 이 법문이 있는 것이다.

⑪ [本文] 나무 과거보승여래(南無過去寶勝如來) 응공(應供) 정변지(正遍知) 명행족(明行足) 선서(善逝) 세간해(世間解) 무상사(無上士) 조어장부(調御丈夫) 천인사(天人師) 불(佛) 세존(世尊)이시니라.

[講話] 이 대목의 경문은 부처님의 명호를 열 가지로 나눈 이른바 여래십호(如來十號)니, 이는 『십호경(十號經)』에 근거한 설이다. 이 경은 중국 북송(北宋) 때 서역(西域)에서 귀화하신 천식재(天息災) 삼장(三藏)이 서기983년 태평흥국사(太平興國寺)에서 번역하였다고 한다. 부처님의 열 가지 칭호를 열거하고, 그렇게 부르는 이유에 대해 상세하게 설명했다. 한글대장경에는 배책 번호 제163책 표제 『십력경(十力經)』 편에 수록되었다.

그러나 실제로는 1여래(如來)·2응공(應供)·3정변지(正遍知)·4명행족(明行足)·5선서(善逝)·6세간해(世間解)·7무상사(無上士)·8조어장부(調御丈夫)·9천인사(天人師)·10불(佛)·11세존(世尊) 등 열한 가지인데 일부

국가에서는 무상사와 조어장부를 하나로 합치고, 우리나라에서는 불과 세존을 합치고, (혹은 세간해와 무상사를 합치고,) 『지도론(智度論)』에서는 불까지 만을 십호로 하고 세존은 이들을 통칭하는 별개의 칭호로 처리하고 있다.

십호의 낱낱 어의(語義)를 살펴보면 다음과 같다.

1. 여래(如來)는 범어(梵語)로 Tathaagata요, 음역으로는 다타아가다니, 여실한 진리의 모습 그대로 우리 곁에 오셔서 정각을 이루신 어른[乘如實道 來成正覺]이시란 뜻이다.

2. 응공(應供)은 범어로 Arhat니, 음역으로는 아르하요, 그 뜻은 인간이나 하늘무리의 융성한 공양을 받으시기에 부족함이 없는 큰 어른[應受人天之供養]이시라는 뜻이다.

3. 정변지(正遍知)는 범어로 Samyak - saṃbuddha요, 한역(漢譯)으로는 三藐三佛陀니, 모든 법을 다 바르고 두루하게 아시는 어른[正知遍知]이시란 뜻이다.

4. 명행족(明行足)은 범어로 Vidyā-caraṇa-saṃpanna니, 밝은 지혜와 실천력이 구족하신 어른, 즉 3명(三明=天眼明, 宿命明, 漏盡明)과 6통(六通)[11]이 구족하신 어른이시라는 뜻이다.

5. 선서(善逝)는 범어로 Sugata. 즉 수가타니, 잘 가셨다는 뜻으로서

11) 6통(六通) : 앞의 3명에 어디든 마음대로 갈 수 있는 능력[神足通], 모든 소리를 마음대로 들을 수 있는 능력[天耳通], 남의 마음속을 아는 능력[他心通]을 더한 것.

일체지(一切智)라는 수레를 몰고 8정도(八正道)라는 길을 따라 열반이라는 목적지에 잘 도달하신 어른이시라는 뜻이다.

6. 세간해(世間解)는 범어로 Loka-vid니, 세상의 모든 일을 잘 아시는 분이란 뜻이다. 예컨대 여기는 중생들의 세간이다, 여기는 중생들의 세간이 아니다. 이것은 세간을 벗어나는 과정이다. 이것은 세간을 벗어난 뒤의 과정이다 등등을 잘 아시는 어른이시란 뜻이다.

7. 무상사(無上士)는 범어로 Anuttara니, 일체 생명체 중에 가장 높으신 어른이시라는 뜻이다.

8. 조어장부(調御丈夫)는 범어로 Puruṣa-damya-sārathi요, 우리말로는 익숙한 조련사(調練師)라는 뜻이니, 부처님께서는 대자대비를 바탕으로 하여 때로는 부드러운 말씨로, 때로는 간절한 말투로, 때로는 다양한 말솜씨와 갖가지 방편으로 수행자[丈夫]들을 조련시켜 열반의 세계에 들게 하시는 어른이시라는 뜻이다.

9. 천인사(天人師)는 범어로 Sāstā deva-manuśyāṇāṃ니. 하늘과 인간무리의 스승이시라는 뜻이다. 모든 중생에게 해야 할 일과 하지 말아야 할 일과, 옳은 일과 옳지 못한 일을 알맞게 인도하셔서 모두가 번뇌에서 완전히 벗어나게 하시는 큰 스승이시라는 뜻이다.

10. 불(佛)은 범어로 Buddha요, 우리말로는 부처님이니, 스스로의 깨달음도 완벽하시고 남을 깨우쳐 주시는 일도 완벽하시며, 깨달음과 실

천이 균등하여 삼세의 모든 법을 꿰뚫어 아시는 어른이시라는 뜻이다.

11. 세존(世尊)은 범어로 Bhagavat이요, 음역(音譯)으로는 박가범(薄伽梵)이요, 우리말로는 세상에서 가장 존귀하신 어른이시란 뜻이니, 여기에는 자재(自在) 치성(熾盛) 단엄(端嚴) 명칭(名稱) 길상(吉祥) 존귀(尊貴) 등 여섯 가지 공덕을 두루 갖추어 세상 사람들의 아낌없는 존경을 받기에 충분하신 어른이시라는 뜻이다.

그런데 첫머리에 보승여래(寶勝如來)를 모신 이유는 무엇일까. 보승여래는 곧 다보여래(多寶如來)인데 묘색신여래(妙色身如來)·광박신여래(廣博身如來)·이포외여래(離怖畏如來)·감로왕여래(甘露王如來) 등 네 부처님과 함께 고혼(孤魂)의 기갈(飢渴) 등을 풀어주시는 일[施餓鬼]로 본원(本願)을 삼으신, 이른바 5여래(如來)의 대표불로서 무량한 공덕의 법재(法財)를 풍부하게 갖추셨기 때문이다.

통설(通說)에 지장보살님은 지옥에 빠진 중생을 건져내시는 것으로 본원(本願)을 삼으시고, 아미타불께서는 고해중생들을 극락세계로 인도하시는 것으로 본원을 삼으시는데 이 5여래께서는 그 중간지점에서 고혼들에게 감로의 법재(法財)와 법식(法食)을 베푸시어 그들로 하여금 기갈(飢渴)에서 벗어나게 하시는 것으로 원행(願行)을 삼으신다고 한다.

초종에서 여기까지 온 영가가 생각하기를 '내가 용케 살았구나.'

하는 생각이 들기는 하는데 그간 시달리고 지쳐서 만사가 귀찮다. 이럴 때 가장 필요한 것이 금강산도 식후경이라고 시장기를 줄여야겠기에 5여래의 법공양이 여기에 등장한다.

그러나 혹자는 이렇게 생각할 수도 있을 것이다. '우리는 평소 건강한 몸으로 법문도 들었고, 크고 작은 불사에도 나름대로 참석했고, 부처님의 말씀도 얼마정도는 이해하는데도 이 법문이 귀에 쏙쏙 들어오지 않는데 불법을 전혀 모르던 이가 방금 열반에 든 상황이라면 어떻게 이 법문을 알아듣고 해탈하겠는가. 만일 알아듣지 못한다면 이런 행사 자체가 모두 허사가 아니겠는가.' 라고.

이 질문은 지극히 당연하다. 그러나 부처님의 법에는 불가사의한 힘[不思議解脫力]이 있으시다는 것을 믿어야한다. 늘 이야기한 바와 같이, 천년 묵은 골방에 천년 묵은 어두움이 쌓였더라도 불을 켜면 그 순간 어두움이 사라지듯이, 영가의 어리석음도 그와 같아서 아무리 오래되었더라도 지혜와 자비의 횃불과 마주치면 그 순간 어리석음의 어두움은 즉각 사라진다. 이것이 말로는 표현할 수 없는 부처님의 가피력(加被力)이시다.

혹자는 다시 생각하기를 '그것은 불보살님의 경계일 뿐, 우리들이 할 수 있는 일은 아니지 않는가.' 할 것이다. 그러나 보지 못했는가. 「보문품(普門品)」에 이르시기를 "만일 어떤 중생이 나의 명호를 입으로 외우거나 마음으로 염하기만 하면 모두 해탈하리라[若有衆生稱念悉解脫.” 하셨으니, 그 어찌 범부를 배제하신 말씀이겠는가. 그러나 이는 오직 믿음이 두터운 중생을 이르시는 말씀임에는 틀림없을 것이다.

이 일을 계기로 우리 모두는 부처님의 사자(使者)가 되어 모든 영가를 이승과 저승의 갈림길에서 이고득락 하도록 도와주는 일로써 부처님의 은덕에 보답하리라 발원하자. 먼저 정념(正念)으로 불보살님의 가피를 청하고, 자신이 부처님을 대신해서 영가에게 무상계를 설해 준다는 의지로 한 구절 한 구절 마음으로 관하고, 입으로 송하는 법사가 되자.

그래서 경문의 한 구절 한 구절이 영가에게 전달되어, 영가들의 눈이 열리고 뜻이 열려 여래십호의 공덕을 마음으로 받아들이게 된다면 그들이 이로써 부처님의 세계에 들어가고, 우리 또한 그 공덕으로 부처님을 뵙게 될 수도 있으리니, 그 어찌 '자타일시성불도(自他一時成佛道)'가 아니겠는가. 이상으로써 제11강의 강화를 마친다.

제12강(第十二項經)

[科名] 이미 얻은 공덕을 정히 경하하고 찬탄하심[正慶讚所得功德].

[來意] 이 대목은 본경의 셋째 대과(大科) 甲3 얻은 공덕을 경하하고 찬탄하심[慶讚所得功德]에서 乙1 이미 얻은 공덕을 정히 경하하고 찬탄하심[正慶讚所得功德]과 乙2 무량한 공덕을 거듭 경하하고 찬탄하심

[重嘆白無量功德]으로 나뉘는데, 이 대목은 乙1에 해당한다. 이는 이미 얻은 공덕을 세 곳으로 돌려보내는 일로서 이를 회향삼처(廻向三處)라 한다.

세 곳이라 함은 중생(衆生) · 보리(菩提) · 실제(實際)요, 돌려보낸다 함은 지금까지의 정진으로 얻어진 공덕을 나 혼자 누릴 것이 아니라 이 세 곳으로 돌려보내 그 공덕을 보다 널리, 보다 영원히, 보다 정밀화한다는 뜻이다. 다시 말해 그 공덕이 너와 나에게 골고루 입혀져서 모두가 다 같이 수승한 이익을 얻게 되기를 바라는 대승적인 염원이다.

회향삼처를 좀 더 자세히 설명해 보겠다. 첫째 회향중생은 자기가 지금까지 지은 선근공덕을 다른 중생에게 돌려주어, 한 중생이라도 더 많이 고통의 길에서 벗어나 정법으로 돌아오기를 바라는 염원이니, 요즘 우리가 영가를 위해 공덕을 닦고는 그 공덕을 영가에게 회향하여 그들로 하여금 왕생극락하기를 바라는 염원이 그와 같은 것이다.

둘째 회향보리의 보리(菩提)란 깨달음이란 뜻이니, 자기가 이미 지은 선근공덕으로 자기 자신은 물론 인연 있는 중생들과 더불어 보리의 정법을 원만히 깨닫게 되기를 바라는 염원이다.

셋째 회향실제의 실제(實際)란 무위적정(無爲寂靜)한 열반의 세계를 뜻하니, 자기가 이미 지은 선근공덕으로 중생들과 더불어 실제의 세계에 이르게 되기를 바라는 염원이다.

이 회향실제(廻向實際)에는 왕상(往相)과 회상(廻相) 두 종류의 형태가 있다. 왕상이란 자기가 이미 지은 선근공덕으로 중생들과 함께 거룩한 세계에 태어나기를 바라는 염원이니, 다 함께 완벽한 정토에 왕생하기를 바라는 생각이요, 회상이란 오늘 닦은 공덕으로 정념(正念)

을 잃지 않고 다시 이 국토로 되돌아와서 미진(未盡)한 유정들을 도우리라는 염원이다.

이는 선문(禪文)에 종종 보이는 "상적광토불유종 흥비운지잠하래(常寂光土不留蹤 興悲運智暫下來)", 즉 비로자나의 불국토를 마다하고, 자비와 지혜를 동원하여 예토(穢土)에 시현하리라 하는 염원이다. 다시 말해 중생들의 틈으로 되돌아와서 동사섭(同事攝)으로 끝까지 그들을 구원하시려는 무연대비(無緣大悲)이다.

『화엄경』「입법계품(入法界品)」 법보계장자장(法寶髻長者章)편에 이르시기를 "이 공덕으로 세 곳에 회향하였사오니, 이른바 '모두가 빈궁과 곤액을 영원히 여의며, 부처님들과 선지식을 항상 뵈오며, 항상 바른 법을 들으오리다하였음으로 이 보를 받았사옵니다[以此功德迴向三處 謂永離一切貧窮困苦 常見諸佛及善知識 恒聞正法 故獲斯報]." 한 것이 회향의 정의(定義)이다.

이 회향삼처(廻向三處)의 풀이는 어느 수행자의 도중사(途中事)를 기준한 것이거니와 만일 본분사(本分事)를 기준한다면[12] 회향중생은 대비가 끝없기 때문[大悲普覆故]이요, 회향보리는 갈수록 높은 지혜를 구하기 때문[大智上求故]이요, 회향실제는 으뜸가는 진리에는 상대개념이 없기 때문[入理雙寂故]이니, 이는 『화엄경』「십회향품(十迴向品)」 제7 등수순일체중생회향(等隨順一切衆生迴向)의 말씀이다.

오늘날 대소재장(大小齋場)에서 법사(法事)를 주재하는 법주(法主)가 불전에 축원을 고할 때 의례 "원아금차 소수공덕 회향삼처실원만(廻向三處悉圓滿)"으로 시작하여, 오늘 닦아 이룩한 공덕을 삼처(三處)로 돌려보내겠다고 하는 것처럼, 이 무상계도 삼처(三處)로 회향하고, 마무리

12) 도중사(途中事)와 본분사(本分事) : 선가에서 쓰는 용어로서, 도중사는 수행자가 닦아서 얻는 과정을 뜻하며 본분사는 본래면목이나 본지풍광을 뜻함. 각각 신훈(新熏)과 본분(本分)에 해당함.

할 때가 되어간다.

위 대과(大科), 甲1과 甲2에서 갖가지 법문으로 때로는 우매(愚昧)함을 탓하시고, 때로는 본유불성(本有佛性)으로 격발(激發)하셔서 마침내 여래십호를 전해 주셨는데, 이 거룩하신 법문을 듣고도 놀라거나 겁을 내거나 두려워하지 않았으니, 가히 이 법문을 듣기에 딱 맞는 당기(當機)라 할 것이다. 그러므로 이 대목을 甲3.경찬소득공덕(慶讚所得功德)이라 했으니, 이미 얻은 공덕을 경하하고 찬탄하심이란 과명(科名)이 그 내용을 대변(代辯)하고 있다.

그러나 이미 얻은 공덕을 칭찬하시는 데도 두 가지 형태가 있으니, 하나는 이미 얻은 공덕을 바야흐로 칭찬하심[正慶讚]이니 본항의 법문이요, 다른 하나는 거듭 칭찬하심[重嘆白]이니, 이미 얻은 공덕이 영원한 미래로 이어지면서 보다 큰 공덕으로 회향할 것을 기대하심이니, 다음 항에 해당한다.

⑫ [本文] 영가(靈駕)여 그대는 5음(五陰)의 거푸집을 훌쩍 벗어버리고 영령한 식[靈識]이 오롯이 드러나 부처님의 위없고 청정한 계[無上淨戒]를 받았으니, 어찌 통쾌(痛快)한 일이 아니며, 어찌 통쾌(痛快)한 일이 아니겠는가. 천당(天堂)과 불찰(佛刹)에 마음대로 태어나게 되었으니, 쾌활(快活)하고도 쾌활한 일이로다.

[講話] 이 대목은 위에서부터 설하신 부처님의 적멸(寂滅)과 부처님의 실상(實相)과 부처님의 정계(淨戒)와 부처님의 십호(十號)를 영가들이 듣고도 놀라거나 겁내지도 않고 잘 믿고 받아들이는[信受] 것이 대견스러워서 마음껏 칭찬해 주신 내용이다. 그러므로 이 대목을 '이미

얻은 공덕을 경하하고 찬탄하심' 이라 했다.

이 경찬소득공덕을 다시 둘로 나누니, 본항은 정경찬소득공덕(正慶讚所得功德)이요, 다음 항은 중탄백무량공덕(重嘆白無量功德)이다. 정경찬(正慶讚)은 이미 얻은 수행공덕을 있는 그대로 칭찬하신다는 내용이요, 중탄백(重嘆白)은 다시 조사가 서쪽에서 오신 뜻[西來祖意]을 인용하여 오늘 얻은 공덕이 특별한 데서 생긴 새 법이 아니라 본래부터 있어온 본지풍광(本地風光)의 경계로서 앞으로도 영원하리라고 격려해주시는 내용이다.

먼저 정경찬을 두 절로 나눈다. 처음 "5음(五陰)의 거푸집을 훌쩍 벗어버리고~어찌 통쾌(痛快)한 일이 아니겠는가." 는 앞의 일을 묶어서 칭찬하시는 결전찬(結前讚)이니, 육신과 이별하고, 불법을 만나 무상계까지 받았으니, 이고득락의 연이 십분 구족했는지라 이 어찌 기뻐할 일이 아니겠는가. 그러므로 "어찌 통쾌한 일이 아니며, 어찌 통쾌한 일이 아니겠는가." 라고 찬사를 거듭하셨다.

그런데 위 제5항과 제6항에서는 미혹의 연(緣)도 12인연이요, 해탈의 연도 12인연이라 하셨는데 여기서는 5음의 거푸집을 벗어났다고 하시니 5음과 12인연은 어떤 관계이기에 지난날의 인행(因行)과 오늘의 과위(果位)에서 말씀의 주제를 엇바꿔 거론하시는가 하게 된다.

그러나 이는 본체설(本體說)과 현상설(現相說)의 차이일 뿐이니, 예를 들어 오온이라는 원숭이가 12인연이라는 12개의 창을 돌면서 밖을 향해 온갖 재롱을 떨다가 멈췄을 때 '원숭이가 멈췄다.' 해도 가하고, '연극이 끝났다.' 해도 잘못이 없는 것과 같다.

그러므로 이 경과 『반야심경』이 같다고 했으니, 거기서는 5온을 관조의 대상으로 하였고, 여기서는 12인연을 관찰의 대상으로 삼았으나 5온과 12인연은 다음과 같이 상관적 관계에 있기 때문이다.

색온(色蘊)에는 명색지(名色支)의 후반인 색(色)과 6입지(六入支)의 전반인 안이비설신(眼耳鼻舌身)이 들어가니 1지(支)요,

수온(受蘊)에는 촉지(觸支)와 수지(受支) 등 2지가 들어가고,

상온(想蘊)에는 취지(取支) 1지가 들어가고,

행온(行蘊)에는 무명지(無明支)와 행지(行支)와 애지(愛支)와 유지(有支) 등 4지가 들어가고,

식온(識薀)에는 식지(識支)와 명색지(名色支)의 전반인 명(名)과 6입지(六入支)의 후반인 의(意)가 들어가니 2지요,

또 5온(五蘊) 모두에 생 노사(生老死) 2지가 들어가니, 2지니, 모두를 합하면. 12지가 된다.

이상의 5온과 12인연이 상섭(相攝)하는 관계를 도(圖)로 표시하면 다음과 같다.(文見大敎闕字卷69丈上5行鈔)

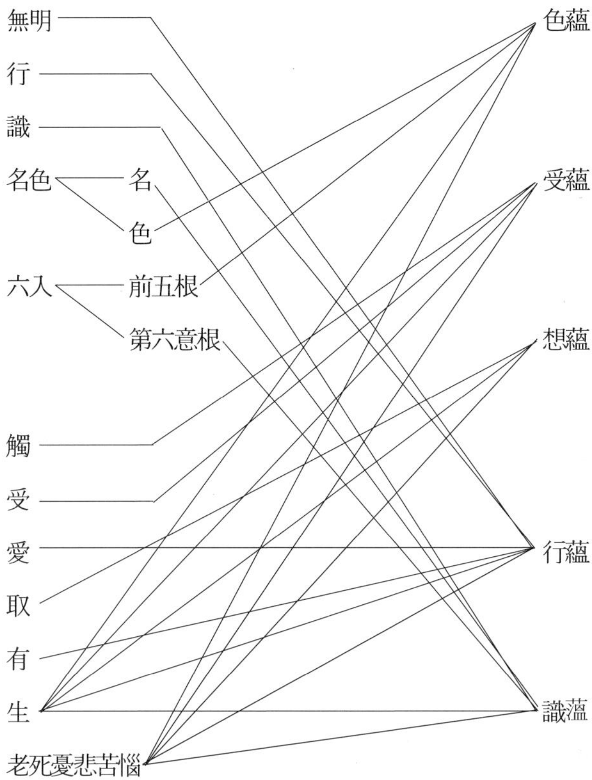

다음 "천당(天堂)과 불찰(佛刹)에 마음대로 가서 태어나게 되었으니, 쾌활(快活)하고도 쾌활한 일이로다." 는 뒷일을 바라보며 칭찬하심[望後讚]이라 했으니, 이제 무상계를 받은 그대들은 틀림없이 천당이나 불찰에 태어나서 무량한 복락을 받게 될 것이니, 참으로 기쁘고도 기쁜 일이라고 앞으로 다가올 일을 놓고 한 바탕 축하해 주신다.

혹자는 생각하기를 "문장이 길지도 않은 경인데, 짧게 한마디 '장하다.' 하시면 될 것이어늘 너무나 길게 늘어놓으셨고, 강가(講家) 역시 그것을 다시 뻥튀기하여 결전찬이니, 망후찬이니 하는 생소한 이름을 붙여가며 분파생지(分派生枝)하니, 도리어 번거롭게 하는 것이 아닌가[無乃太煩乎]." 할 것이다.

그러나 우리가 걸음을 걸을 때에도 득일보(得一步) 진일보(進一步)의 리듬이 맞아야하듯이 불교수행에 있어서도 그 전방편(前方便)인 무간도(無間道)와 후방편(後方便)인 해탈도(解脫道)의[13] 균형이 맞아야하기 때문에 군 말씀이 아니라고 강변(强辯)한다면 용납될는지? 이상으로써 제12강의 강화를 마친다.

제13강(第十三項經)

[科名] 무량한 공덕을 거듭 경하하고 찬탄하심[重嘆白無量功德].

[來意] 甲3 경찬소득공덕(慶讚所得功德)에서 형제과(兄弟科)가 나왔으니 乙1은 위 제12항이요, 지금의 乙2, 즉 제13항은 무량공덕을 거듭 경하하고 찬탄하심[重嘆白無量功德]이다. 다시 말해 제12항은 오늘의 영가가 새로 얻은 경지를 칭찬하신 내용이요, 이 대목은 오늘의 영가가 얻은 공덕이 느닷없이 생긴 것이 아니라 본래부터 우리에게 있어

13) 무간도와 해탈도 : 번뇌를 끊고 도를 깨달아가는 과정을 다음 네 단계로 말한다. ①가행도(加行道) ; 방편도라고도 함. 번뇌를 끊기 위해 준비수행을 하는 단계. ②무간도(無間道) ; 직접적으로 번뇌를 끊는 단계로서, 번뇌를 끊은 즉시 간격을 두지 않고 다음 단계로 진입한다는 뜻에서 무간이라 함. ③해탈도(解脫道) ; 번뇌를 벗어나 해탈을 얻는 단계. ④승진도(勝進道) ; 해탈도 후에 진일보하여 수행을 완성하는 단계.

왔던 것이며, 잠시 있다가 사라질 법이 아니라 영원할 것이라고 미래를 내다보시며 찬탄하신 내용이다.

이렇듯이 거듭 찬양하시는 형식을 탄백(嘆白)이라 하고, 또 회향(廻向)이라고도 하니, 탄백이란 지금까지의 법문이나 의식이 매우 거룩하고 모두에게 유익했노라고 다시 한 번 입을 모아 찬탄하고, 마음에 새겨 오래 간직함은 물론 널리 펴겠다는 발원의 성격을 띠고 있다. 그래서 각종 의식 끝에는 탄백이 있어, 대중일동이 제창하여 그 정신을 공유(共有)케 하고 있으니, 우리가 모든 법요 끝에 제창하는 사홍서원도 따지고 보면 하나의 탄백이다.

탄백의 또 다른 의미는 회향이다. 회향이란 작은 공덕을 돌려 크게 만들고[廻小向大], 내 몫을 남에게로 돌려[廻己向彼] 다 함께 누리자는 뜻이다. 다시 말해 오늘 받은 복을 법계의 모든 중생과 함께하여 마침내는 그들과 함께 성불하기를 바란다는 염원이다. 이 대목의 위치나 내용이 탄백이어야 할 자리이고, 문장의 내용 역시 그렇게 해석할 수 있는 요소가 있기에 이렇게 분문(分文)해 보았다.

다시 말해 이 대목이 깨달은 뒤의 경지[悟後境地]에 속하는데 그 경지가 어떨까. 굉장히 넓고 커서 특이한 것이 많으리라고 생각하는 이에게 '꿈을 깬 뒤의 세계가 바로 꿈을 꾸기 이전의 세계이지 다를 것이 없는 것과 같다. 만일 다르다면 오히려 이상한 일이다. 그래서 모두가 당당(堂堂)하고 안온(安穩)해서 본래 있던 제 자리임을 알게 되었다.' 고 가르쳐 주신 것이다. 그래서 중탄백무량공덕(重嘆白無量功德)이라고 과(科)했다.

⑬ [本文] 서쪽에서 오신 조사의 뜻 가장 당당하시니, 스스로가 자기의 마음 맑히면 본래의 고향이라. 묘한 본체는 맑고 맑아 일정한 처소 없어서,

산하대지 어디서나 참 광명 뿐으시네.

[講話] 이 대목은 깨달은 뒤의 세계를 조사선(祖師禪)의 도리로 풀이하신 것이니, 경문에 "서쪽에서 오신 조사의 뜻" 이라 하셨기 때문이다. 따라서 서쪽에서 오신 조사의 뜻이란 달마(達磨)스님이 서역에서 오시면서 처음으로 선법(禪法)을 전하셨기 때문이다.

어찌하여 이 지점에서 느닷없이 선법을 등장시키셨을까. 모든 언어의 영역을 벗어나 마음과 마음으로 깨달아야 할 경지에 이르렀기 때문이다. 마치 갖가지 음식을 산더미 같이 쌓아놓았더라도 직접 입에 넣고 씹지 않으면 내 것이 아닌 것처럼 아직까지의 숱한 말씀의 잔치에서 아무런 소득이 없었다면 이제부터는 불입문자(不立文字), 즉 언어와 문자에 의존하지 않고 직접 터득하는 방법으로 이끄시려는 것이다.

선법의 특징은 직지인심(直指人心) 견성성불(見性成佛)이다. 어떠한 방법으로든지 학자가 제 마음을 되돌아보고 성불케 하는 것이 궁극적인 목표이다. 그래서 마음 하나 관하는 것으로 종(宗)을 삼는다. 그러기 때문에 선법을 최상승(最上乘)이라고도 하고, 마지막 관문[末後一關]이라고도 한다.

이렇듯 두 문이 있게 된 연유는 법을 배우는 근기에 우열(優劣)이 없을 수 없고, 이미 근기에 우열이 있다면 자연히 우(優)와 열(劣), 두 부류가 없을 수 없다. 그러기에 고래로 이르기를 살맛이 있을 때에 살맛이 늘어나고 운치가 없던 곳에도 새 운치가 생긴다[有意氣時添意氣 不風流

處自風流]. 했다.

그렇다면 선법에는 어떤 문호가 있는가. 예전부터 선법(禪法)을 이야기할 때 주로 여래선(如來禪)과 조사선(祖師禪)으로 나누었으니, 여래선은 범부를 고쳐 성현이 되는 논리[革凡成聖]요, 조사선은 본래부터 지니고 있는 부처[本有佛性]의 논리이다. 그러므로 이 두 가지 선(禪)을 중심으로 이야기를 진행하려한다.

먼저 고래로 전해오는 두 선의 특징을 소개하는 송구(頌句)가 있었으니, 다음과 같다.

여래선(如來禪)

천지지천천지전(天地地天天地轉)이요

수산산수수산공(水山山水水山空)이라

하늘은 땅이 되고, 땅은 하늘이 되어 천지가 뒤바뀌고,

물은 산이요, 산은 물이어서 산도 물도 공하다.

조사선(祖師禪)

천천지지하증전(天天地地何曾轉)가

수수산산각완연(水水山山各完然)이라.

하늘은 하늘이요 땅은 땅이거니, 언제 바뀌었던가.

물은 물이요, 산은 산이어서 제각기 완연하다.

이 두 송자(頌子)에서 먼저 여래선은 부처님의 교설에 따라 번뇌를 끊고 지혜를 얻으라는 내용이니, 여래의 말씀에 의해 무엇인가 변화를 일으키기를 기대한다. 그래서 하늘은 땅으로, 땅은 하늘로 바뀌고 물은 산으로, 산은 물로 바뀌기를 바란다고 했다.

다음 조사선은 경전의 참뜻을 터득하는데 힘쓸지언정 자구(字句)에 매달리지 않는 것을 중요하게 여기기 때문에 범인들의 상식과는 늘 상반되는 경우가 많다. 그래서 교(敎)에서는 번뇌를 끊으라 했지만 조사선에서는 번뇌를 끊으면 어떻게 부처가 되는가 한다. 그래서 이 송에서 하늘은 하늘, 땅은 땅이거니 바뀔 필요가 어디에 있으며 물은 물, 산은 산 그대로가 좋거늘 바꿔서 무엇 하겠는가 한다.

오늘의 영가가 이 경지에 이르러 텅 빈 공간에 홀로 선 자기를 보고 당황해할 것에 대비하여 본지풍광(本地風光)의 도리, 즉 조사선의 도리를 담아 네 구절의 송으로 거량(擧揚=提示)하셨다.

첫째, "서쪽에서 오신 조사의 뜻 가장 당당하시니" 는 종지(宗旨)의 기본이 되는 구절[宗本句]니, 서쪽에서 오신 조사의 뜻이란 달마조사의 본지풍광(本地風光)이다. 텅 비어 아무 것도 없는 그대 눈앞의 공간이 곧 조사선의 실체인 본지풍광이라는 것이다. 말하자면 삭막한 공간이 아니라 가장 당당해서 '천겁을 지나도 묵은 것이 아니요, 만년을 지나도 항상 지금[歷千劫而不古 亘萬歲而長今]' 인 불생불멸의 경지라는 것이다.

둘째, “스스로가 자기의 마음을 밝히면, 본래의 고향이라” 는 앞의 말씀을 이어받는 내용[承前句]이다. 다시 말해 위 구절에서 “가장 당당하다.” 하신 이유를 풀이하신 것이니, 사람마다 각각 자기의 마음으로 하여금 늘 깨어있게 하면 당당치 못하게 하는 사마(邪魔)가 끼어들지 못하고, 사마가 끼어들지 못하면 거기가 바로 마음 푸근한 묵은 고향[本地風光]이라는 것이다.

셋째, “묘한 본체는 밝고밝아 일정한 처소 없어서” 는 전변구(轉變句)니, 이는 제1구와 제2구의 뜻을 묶어서 다음 제4구로 넘기는 역할에 해당하기 때문에 붙인 이름이다. 위 두 구의 법문을 들은 이가 생각하기를 “그것은 똑똑한 사람의 경계일 뿐, 나와는 아무런 관계도 없지 않는가.” 한다. 그런 이에게 이르시기를 “그대를 포함한 모든 중생에게는 한량없는 능력이 갖추어져 있으니, ‘나도 한 번 해 보겠다.’ 는 마음만 내라.” 는 것이다.

넷째, “산하대지 어디서나 참 광명 뿜으시네.” 는 결구(結句), 또는 회향구(廻向句)니, 내게는 분(分=資格)이 없다고 자포자기(自暴自棄)하던 이가 이 전변구의 뜻을 받아들이고 “나도 한번 해 보겠다.” 고 결심을 내기만 하면 그간 어둡고 거칠었던 산하대지와 초목총림이 즉시에 참 광명[眞光]을 뿜어, 건곤(乾坤)을 삭파(爍破)하는 상서(祥瑞)로 바뀌리라는 인가[道記]를 내리셨다. 다시 말해 이 마지막 구는 단순히 문장을 끝내는 결구(結句)일 뿐만이 아니라 우리 모두로 하여금 분발심을 내게 하시려는 격발구(激發句)이기도 하다.

그러므로 『능엄경(楞嚴經)』에 이르시기를, "한 사람이 참된 마음을 일으켜 근원으로 돌아가면 시방세계와 허공이 모두 사라져 없어진다[一人發眞歸原 十方虛空 悉皆消殞]." 고 하셨으니, 오늘의 이 상황에 맞는 말씀인 것 같다.

하루아침에 무주고혼이 되어 천애(天涯)에 외롭고 두려워 어쩔 줄 모르던 오늘의 영가가 다행이도 이 법문을 만나 우리의 삶이라는 것이 원래 속절없이 무상하다는 사실에 눈을 떴고, 거기서 다시 무상을 진상(眞常)으로 받아들일 줄 알았고, 거기서 다시 무상의 속박에서 벗어나 영원한 본래의 고향으로 돌아오게 되었으니, 가위 일대사필의(一大事畢矣)라 할 것이다.

개납수미(芥納須彌), 즉 겨자씨에 수미산을 담는다는 말씀이 있다. 이 작은 경에 이렇듯 광대하고 장엄스러운 법문이 들어있음을 일컫는 말씀이 아닐까 한다. 이토록 장엄스러운 경을 나 같은 사람이 강해를 한다는 것이 분(分)이 아님을 모르는 바는 아니나 "이런 것이라도 있으면 좋겠다." 는 분들도 계실 것이라는 생각에 천방지축(千方竺池)으로, 여기까지 왔다.

바라는 바는 "뜻은 몰라도 돼." 하는 치우친 생각을 따를 것이 아니라 이 변변치 않은 것을 통해 조금이라도 그 뜻을 알고 관하면서 독송하여 단 한 사람, 한 영가에게라도 두려움에서 벗어나는 무외공덕(無畏功德)을 전해 주자. 가령 길을 가다가 낯모르는 사람의 초종행사를 보았을 때 마음속으로 가볍게 "나무아미타불!" 한마디 염한 뒤에 길은 계속하면서 "노는 입에 염불" 이란 말과 같이 마음속으로 무상계를 염해주자.

부처님의 공덕이 무량하시니, 이 작은 선근이 연이 되어 당일영가가 해탈을 얻음은 물론 내게 묵은 빚을 받으려고 주변을 맴돌던 숱한 원혼들도 한 생각 돌려 손을 툭툭 털며 발길을 돌릴지도 모르는 일이 아닌가.

더구나 이 작은 공덕으로 여러분의 신후(身後)에 왕생하여 불회상(佛會上)에서 다시 그 영가들과 만날 수 있다면 그 어찌 반가운 일이 아니며, 그 어찌 불은(佛恩)에 감사할 일이 아니겠는가. 이상으로써 제13강의 강화를 마침과 동시에 무상계강화 전체를 마친다.

無常戒講話 끝

附. 무상계독송의식(無常戒讀誦儀式)

가. 일과(日課=날마다 과제로 독송할 경우)

시작할 때

*만일 시간여유가 없으면 정중한 마음으로 합장하고, 삼보를 염한 뒤에 영단을 향하여 마음으로 거량(擧揚=告白)하기를 "아무영가시여, 내가 지금부터 무상계를 독송해 드릴 터이니 자세히 들으소서." 하면 부처님께서 설하신 경을 법사는 있는 대로 독송할 뿐이요, 영가는 그 독송을 통해 부처님의 말씀을 전해 들으시고 판단은 자신이 할 일이다.

만일 어른에게 "영가야!" 하기가 거북하다는 이유로 '영가시여" 한다면 부처님이 영가에게 " 영가시여, " 하는 꼴이 되기 때문에 안 된다는 것이다. 더구나 영가에게는 " 내가 어쩌다 자식들을 제대로 못 가르쳐서 높낮음도 분별치 못하는구나. " 하는 죄책감만 더해 드리는 일이 된다는 것을 알아야 한다.

그래서 독경을 시작하기 전에 반드시 상황소개인 거량을 해야 하니, "부처님의 경전을 제가 있는 대로 읽어드릴 터이니 잘 들으시고 극락왕생하십시오." 해야 한다. 그리고 시간이 허용하면 이것저것 더 읽어도 되지만 시간이 촉박할 경우 개경게부터 시작해도 가하다.

개경게(開經偈)
무상심심미묘법(無上甚深微妙法)
백천만겁난조우(百千萬劫難遭遇)
아금문견득수지(我今聞見得受持)
원해여래진실의(願解如來眞實意)

개법장진언(開法藏眞言)

옴 아라남 아라다(3설)

무상계법문(無常戒法門)이라.

부무상계자(夫無常戒者)는 ….

마칠 때

원이차공덕(願以此功德) 이 공덕이 두루 퍼져
보급어일체(普及於一切) 온 누리의 모두에게 미쳐서
아등여중생(我等與衆生) 나와 모든 중생들이
당생극락국(當生極樂國) 극락세계에 태어나서
동견무량수(同見無量壽) 무량수불 친견하옵고,
개공성불도(皆共成佛道) 다 같이 성불하여지이다.
마하반야바라밀(摩訶般若波羅密).

*독경은 여법하고도 간결하게 마쳐야 한다. 이런저런 사유로 독경을 오래하면 좋다는 생각을 버려야하고, 그러한 여습을 끊어야 한다. 단 짧고 간명하게 진행하되 사전에 재자가 독경에 참여하도록 권장하고 설득해야 한다. 그리고 독경이 끝나면 법사는 훌쩍 떠나야 한다.

나. 의전(儀典:누군가를 위해 독송하거나 여럿이 합송할 경우)

시작할 때 (위와 같음.)

봉위(奉爲) ○○○영가(靈駕)

개경게(開經偈)

무상심심미묘법(無上甚深微妙法)

백천만겁난조우(百千萬劫難遭遇)

아금문견득수지(我今聞見得受持)

원해여래진실의(願解如來眞實意)

개법장진언(開法藏眞言)

옴 아라남 아라다(3설)

*이어 시간이 허용하는 대로 나무아미타불 정근을 모시거나, 먼저 무상계를 독송하고, 다음 아미타불 정근으로 마치거나 주법자(主法者)가 판단해서 방향을 정한다.

마칠 때

원이차공덕(願以此功德)이 공덕이 두루 퍼져

보급어일체(普及於一切)온 누리에 있는

아등여중생(我等與衆生)나와 중생들이

당생극락국(當生極樂國)극락세계에 태어나서

동견무량수(同見無量壽)무량수불 친견하옵고,

개공성불도(皆共成佛道)다 같이 성불하여지이다.

마하반야바라밀(摩訶般若波羅密)

반야심경 일편 끝.

호칭문제에 관하여

호칭(呼稱)문제라 함은 무상계를 독송할 때, 이 한 편의 무상계(無常戒)에 '영가야,' 가 여러 차례 나오는데 그 "영가야" 라는 호칭(呼稱)을 어떻게 읽어야 하는가 하는 문제이다.

다시 말해 손위의 어르신네에게는 "영가시여," 해야 될 것 같고, 손아래식구라면 "영가야," 해도 무방할 것이고, 평교간(平交間)이라면 "영가여," 정도면 되겠는데 여럿이 합송할 때에는 어디에다 기준을 맞춰야하며, 존비(尊卑)의 관계는 어떻게 해야 하는가를 생각해보자는 것이다.

그러나 정답은 당연히 '영가야,' 가 맞으니, 그 이유는 경은 부처님의 말씀이요, 부처님은 만 중생의 어른이시기 때문에 누구에게나 '영가야"라고 부르셔도 하자가 없을 것이다. 그러므로 영전에 송경공양(誦經供養)을 올릴 때에는 반드시 먼저 거량(擧揚)을 해야 하니, 거량이란 시쳇말로 상황소개(狀況紹介)이다. 예컨대 손자가 할아버지 영전에 독경을 해 드릴 때엔 먼저 사뢰기를 "할아버지 지금부터 제가 무상계를 읽어드릴 터이니 잘 들으세요." 하는 정도이다.

이렇게 먼저 거량을 하고 경에 있는 대로 또박또박 읽어 내려가노라면 할아버지는 라디오를 듣듯이 부처님의 생생한 말씀을 차분히 전해 들으시고 "아하 그런 것이었었구나!" 하고 한 생각 돌려 당신의 갈길을 결정하신다는 것이다.

만일 어른에게 "영가야," 하고 부르기가 죄스럽다는 이유로 영가시여, 한다면 부처님이 영가에게 영가시여 하는 꼴이 되기 때문에 도리어 영가로 하여금 부처님의 머리위에 기어 올라가는 참월(僭越)을 범하는 결과가 되고, 자식들 교육도 제대로 시키지 못했다는 것을 만천하에 까발리는 꼴이 되니, 조금씩만 더 생각해 보시기 바란다.

그러므로 영전에 경전을 독송하거나 의전을 봉행하는 법사(法師)들은 재자들의 이런저런 심정을 모두 아울러 영가에게 진정한 이익이 되는 법을 일러주어 존망구익(存亡俱益), 즉 남아있는 이나 먼저 떠난 이가 모두 이익이 되는 길로 인도하는 안내자임을 명심해야 한다.

無常戒講話 무상계강화

2011年 **7**月 **8**日 초판 1쇄
2011年 **11**月 **25**日 초판 2쇄

發行人 김 성 구
發行處 佛泉
등록 : 제21-496
주소 : 경기도 남양주시 진접읍 부평리 255
031)527-1954
編 輯 도서출판 해조음 02)2279-2343

값 8,000원

ISBN 978-89-87233-01-7 03220